KB188806

봉사를 통한 교회의 연합과 일치

2023

봉사를 통한 교회의 연합과 일치

지 은 이 | 김종생
펴 낸 이 | 성상건
디 자 인 | EJ design

찍 은 날 | 2023년 7월 6일
펴 낸 날 | 2023년 7월 10일

펴 낸 곳 | 도서출판 나눔사
등록번호 | 2-489호 (1988.2월.16일)
주   소 | 우) 10270 경기도 고양시 덕양구 푸른마을로 15
301동 1505호

전   화 | 02) 359-3429
팩   스 | 02) 355-3429
메   일 | nanumsa@hanmail.net

@ 김종생 저, 2023

ISBN 978-89-7027-955-8-03230

책   값 | 15,000원

봉사를 통한
교회의
연합과 일치

김종생 저

나눔사

목차　　　　　　　　　　　CONTENTS

_____

그늘진 현장에 늘 그가 있었다

손 인 웅 목사

(한국교회봉사단 전 이사장, 덕수교회 원로)

사람에게는 자연스럽게 떠오르는 이미지가 있는데 김종
생목사는 아픔의 자리, 눈물의 자리, 슬픔의 자리, 상처가 있
는 곳을 보면 언제나 그가 먼저 생각납니다. 왜 그럴까 돌이
켜보니 고달픈 삶의 현장에 먼저 달려가고 마지막까지 곁에
있어 왔기 때문입니다. 결핍과 상실, 그리고 억울함으로 지치
고 힘든 이들 곁에 서 있는 모습이 너무나 자연스럽습니다.

대전에서 공부방을 시작하고, 복지관을 운영할 때부터 알
게 되었으니 어느새 30여년이 지났습니다. 그러다가 총회 사
회봉사부 총무에 선발되었을 때 나의 일처럼 기뻐했었는데

그것은 긍휼함을 기본적인 소양으로 갖춘 사람이 교단 디아코니아 정책 책임자가 되어 현장과 정책을 이어가는 다리로서의 적합성 때문였습니다. 이어서 서해안 기름유출 사고가 발생해 방제작업의 실질적인 책임자인 한국교회봉사단의 사무총장으로 우리 교단을 넘어 교회연합의 귀한 코디네이터라 여겨져 기쁘게 추천을 한 바 있습니다. 한국교회봉사단은 이미 구성되어 활동해 온 교계 사회복지의 협의체인 사)기독교사회복지협의회와 통합하였고, 서해안 방제작업의 일환으로 시작한 한국교회희망연대와 한국교회봉사단이 다시 하나되는데 그 실무적인 역할을 은혜롭게 감당해 왔습니다. 당시 교회 연합기관인 한국기독교교회협의회(NCCK)와 한국기독교총연합회(CCK)를 배경으로 디아코니아 사역을 통합적으로 수행하는 훈련을 해왔습니다. 교계 사

회복지 현장을 한데 모으고 현주소를 점검하면서 한국교회 사회복지 방향을 함께 고민해 가는 사회복지엑스포 실무 총괄의 책임을 소리 없이 조정해가는데 그 능력을 유감없이 발휘하기도 하였습니다.

서해안의 자원봉사로 기독교 자원봉사는 물론 종교계 전체 나아가 일반 자원봉사 영역에까지 관계와 사역을 확장해 가는데 균형잡힌 지도자로서의 역할을 잘 해냈습니다. 서해안 자원봉사 연합의 경험을 바탕으로 2010년 아이티 지진발생시 한국교회가 연대하고 연합하는 원탁회의는 참으로 의미있었습니다. 한국교회 역사이래 가장 많은 관심과 모금을 해온 아이티 지진 구호를 위해 <한국교회아이티연합>을 조직하고 책임성 있게 수행했습니다.

아픔의 현장에 먼저 달려가는 그는 자신을 드러내기 보다

는 소금처럼 녹으면서 한국교회를 하나되게 만드는 귀한 겸손의 달란트가 있습니다. 서해안 방제작업의 구호로 사용한 <섬기면서 하나되고 하나되어 섬기자>는 사회의 아픔을 연대로 승화한 쾌거의 슬로건였습니다. 개별 교회와 교단이 자신의 이름을 지우고 한국교회와 주님의 이름을 드러내므로 하나님께는 영광이 되게하고, 한국교회의 유익을 도모했습니다. 사회적 약자들을 섬기는 사역 건물이 <소금의 집>이듯이 자신을 녹여 한국교회의 필요한 도구가 되고 작은 이들의 눈물을 닦아주는 희망의 산실이 되길 기도합니다. 지금까지 그랬듯이 앞으로도 우리 교회와 사회의 그늘진 현장을 찾아 그들의 눈물을 닦아주고 그들 곁에서 위로하고 격려하여 한국교회의 희망을 보여주시기 바랍니다.

'마음이 따뜻한 자'의 복과 은혜

박종화 목사

(경동교회 원로목사)

여름 장마철에 물난리가 나고 수도관이 터지고 도로가 막혀 옴짝 달싹 못하고 있는데 냉장고에 생수마저 동이 난 경우를 종종 경험하며 삽니다. 흔한 말로 "홍수에 마실 물이 없다"는 푸념을 내뱉고는 합니다. 삶의 평안을 원한다면 급박하게 밀어닥칠 홍수도 예방하는 시설을 갖추어야 하고 마실 물도 상시 보관하고 살아야 함은 상식입니다. 핵심은 물입니다. 적절하게 자연을 적시고 살릴 빗물과 적절하게 생명을 살게 할 마실 물입니다. 자연을 살릴 빗물은 환경보전을 통하여 함께 공급하고, 살리는 마실 물은 사랑의 나눔을 통하여 함께 공급할 수 있습니다.

　코로나 질병이 온 세상을 송두리째 휩쓸면서 엄청난 펜데믹 세상의 비극을 안겨주었습니다. 코로나 홍수라 이름 할 수 있겠지요. 백약이 무효였고 코로나 백신만이 겨우 보탬이 되어습니다. 예방과 치료를 위해서는 마실 물에 해당하는 백신을 공급하고 물불을 가리지 않고 홍수처럼 침노하는 병균유입을 막기 위한 방식으로 사회적 거리두기를 채택하여 그나마 건강상태를 유지할 수 있었습니다. 그런데 거리두기는 외로움이라는 고통을 주었고 돌봄과 연대를 갈구하게 했습니다. 사랑의 공동체를 향한 타는 목마름이라 할 것입니다. 코로나 이후의 한국사회가 또 한국교회가 원하고 실천할 것이 있습니다. 복음의 생수를 공급하고 나누며 사는 사랑의 공동체 운동이요 실천입니다.

　본래부터 "마음이 따듯한 성직자"로 알려진 김종생 목사가 자신의 '신앙생활'과 '생활신앙'을 합한 고백록을 아담한 책으로 내어놓습니다. 복음의 생수를 마신 기쁨과 사랑의 나눔을 직접맛본 현장의 경험입니다. 신학수련에서 출발하여 목회와 사회봉사, 복지와 인권, 재해구호와 생태정의, 이주민 돌봄과 세계봉사, 일일이 열거하지 못하는 수많은 헌신과 봉사의 고백록입니다. 오늘날과 내일의 한국교회가 우리 사회에 보여줄 덕목이 있습니다. 복음의 생수를 "세상이 믿도록" 확실하게 선포하는 사명이 하나이고, 선포의 주체인 교회가 이 복음의 진수를 몸으로 체화하고 세상에 실천하는 사랑의 공동체가 되는 사명이 다른 하나입니다. 따뜻한 마음은 "복음의 진리와 사랑의 실천"을 담은 그릇입니다. 모든 성직자는 바로 그리스도께서 부르시고 보내신 성실한 그릇이요 도구입니다. 김종생 목사의 이 고백록도 이를 겸허

하게 그리고 확실하게 선언하고 있음이 반갑습니다.

　세계교회 에큐메니칼 운동의 큰 흐름 중의 하나인 "봉사" 곧 "Diakonia"의 효시라고 이름 하는 <삶과 일>(Life & Work) 운동은 1925년 스웨덴 Stockholm에서 출발하면서 "교리는 갈라놓지만, 봉사는 하나 되게 한다."(Doctrine Divides; whereas Service Unites)는 공감의 선언을 제안했습니다. 이 선언은 지금도 또 앞으로도 유효할 것입니다. 세계 교회는 물론 한국교회도 먼저 세계봉사를 통한 교회일치, 사랑의 봉사를 통한 갈라진 교회들의 화해 공동체 형성에 앞장서기를 바라는 심정입니다. 이 책이 그러한 운동의 한 계기가 될 수 있기를 기원합니다. 이 책이 많이 읽혀져 사랑의 나눔이 넓고 깊게 이루어지기를 기원합니다.

2007년 12월 충남 태안에서 발생한 서해안 기름유출 현장에 가장 먼저 달려와 가장 나중까지 함께한 한국교회봉사단. 개신교 11개 캠프를 한국교회의 큰 틀로 묶고 기름띠 제거의 자원봉사를 위한 플랫폼에서 신실하게 섬기고, 창조질서 보전과 생태적 회심을 교육한 기독교환경운동연대와 더불어 70만 한국교회 연합의 새장을 연 실무책임자. 피해 입은 어민들의 위로를 위한 주민위로잔치와 지역특산물 구매행사, 생태환경 국제회의(NCCK. CCA) 유치, 교회 여름수련회 태안지역 유치 캠페인, 생태백서 발간 등을 주관한 코디네이터 김종생목사님의 출간을 축하드린다.

전 한국교회봉사단 태안 현장상황실장 이광희 목사

2009년 1월 용산구 한강로 2가 남일당 건물에서 재개발에 밀려 삶의 터전을 잃게 되어 점거 농성 중, 경찰의 과잉진압으로 화재가 발생해 철거민 5명과 경찰 1명이 사망하고

23명이 부상당하는 용산참사가 발생했다. 6개월을 유가족 곁에 함께하면서 사적인 이해관계에 따른 사고라며 발뺌을 하는 서울시를 설득하며 중재에 나서서 결정적 역할을 담당했다. 국민장 장례식과 자녀들의 학비지원 나아가 정서적 회복까지 고려하며 세심하게 배려해 주었다. 험한 세상에 다리가 되어주신 평화의 중재자 김종생목사님의 책을 대하게 되어 기쁘다.

용산참사 유가족 전재숙집사(고 이상림의 부인)

충정로 전셋집에 비가 새서 불편함을 겪는데 2012년 연남동 '평화의 우리집' 위안부 할머니 쉼터 무상제공 받는데 다리가 되어 주었다. 정원이 있는 2층 양옥집에 엘리베이터까지 설치하여 할머니 입장에 늘 서왔다. 고 김복동, 고 이순덕, 길원옥 할머니의 생활비를 8년간 후원해 주었다. 동일본대지진때 일본 피해현장 위안부 송신도할머니의 지원과 고향방문의 길을 열고 직접 운전까지 마다하지 않았다. 할머니들이 항상 따뜻한 사람으로 기억한 김종생목사님의 편안하고 따뜻한 책을 할머니들 마음을 듬뿍 담아 축하한다.

한국정신대문제대책협의회 전 공동대표 한국염 목사

원폭피해자들의 고통이 2세, 3세로 대물림되었고 그 대상 자만도 1만여명에 이른다. 한국교회여성연합회가 1990년대 초부터 원폭피해자들에 대한 관심으로 사회에 공론화해 온 것을 바탕으로 실태조사와 특별법 제정을 위해 애써 온 한국교회봉사단. 거동이 불편한 원폭피해자들이 경남지역에 넓게 산재한 것을 감안 승합차량을 제공해 주었고 경남지역 교회 네트워크를 만들어 밑반찬 제공 활동 등 환우들의 복지 개선에 힘써 왔다. 잊혀진 환우들을 찾아 지지하고 지원해 오신 김종생목사님의 책의 출판을 축하드린다.

원폭피해자 2세 환우회장 한정순

목회자 유가족 협의회는 목회자가 세상을 떠난 후 홀로 남은 사모 모임으로 2007년 예장 통합 사회봉사부 산하단체에 등록되었다. 사회봉사부 총무로 재임시 이 일을 시작하여 오늘에 이르기까지 한결같이 곁에서 응원해 주고 있다. 유가족들은 한순간 가장을 잃는 상실감 뿐 아니라 교회의 관심에서도 멀어지는 소외감을 경험하고 여기에 경제적 무력감까지 더해진다. 경제적, 정서적인 도움 외에 두 차례의 실태조사를 통해 당사자들은 객관적인 현실을 돌아보게 하고, 교계에 도움을 요청하도록 한결같이 도우시는 고마운 목사님의 책에 기대를 해본다.

목회자유가족협의회장 김경애 사모

2022년 10월 29일 서울 한복판 이태원 골목길에서 159명의 생명을 앗아간 이태원참사. 자식을 잃고 맨붕 상태로 무엇을 어떻게 해야 할지 모르는 유가족을 찾아 곁에서 손을 잡아주신 분. 추운겨울 따뜻한 국밥을 사주시고 지방에서 올라온 유가족에게 숙소를 제공해 주시고, 유가족 쉼터를 준비해 주신 자상하신 목사님. 고달픈 나날 용기를 주시고 정을 나누시고 힘을 보태시는 분. 갈길이 먼 이태원 유가족의 든든한 버팀목이신 목사님의 사랑 가득한 책에서 힘을 얻고자 한다.

10.29 이태원참사 유가족협의회 전 대표 이종철

시대적 소명

나의 유소년시절은 가난으로 기억된다. 먹을 것과 입을 것 나아가 학비와 학용품비 등에 있어서 결핍의 상처를 동반한다. 그런데 이 가난은 단지 경제적인 애로에 그치지 않고 성격, 심리, 관계 등 어린시절 나의 세계 전체에 영향을 주었다. 신기한 것은 그 가난으로부터 자유로운 곳이 까까머리 중학생이 우연히 발디딘 동네 교회였다. 비슷한 처지 가운데 살아가는 주변 마을 사람들이라는 점과 새롭게 알게 된 주님이 가난한 사람을 이해하고 사랑한다는 사실에서 많은 위안을 받을 수 있었다. "너희 가난한 사람들은 복이 있다. 하나님의 나라가 너희의 것이다. 너희 지금 굶주리는 사람들은 복이 있다. 너희가 배부르게 될 것이다..."(눅 6:20~21) 누가복음서의 이 말씀은 나의 마음을 사로잡은 명구절로 적어도 교회안에서는 가난이 나를 위축시키지 않았고 아니 이런 가난으로 주님과 더 가까운 사이가 될 수 있었다. 그래서 학생회 시절의 교회는 나의 인식처와 같이 포근하고 편안했다. 이러한 교회생활의 만족은 열심을 가져왔고 자연스럽게 신학교 진학으로 이어졌다. 신학교 진학의 소명으로 주님이 선포하신 것처럼 "가난한 이들의 복음"이라는 주제가 나를 향한 부르신 목적으로 확신하게 되었다. 가난이 창피하고 부끄러워 감추고 싶기도 하지만 온몸으로 겪은 가난을 나의 무거운 짐이 아니라 나의 날개로 사용하라는 하늘의 뜻으로 여기게 되어 가난을 오히려 감사하게 되었다.

전두환정권시 뜻하지 않은 불법 구금과 다양한 고문으로 조작된 "국가전복음모죄"의 국가보안법위반으로 2년 6개월의 수형생활을 하게 되었다. <한울회 사건>이라 이름 붙여진 공안사건은 젊은 기독청년들이 사도행전 2장과 4장의 초대교회의 공동체를 지향점으로 하고 당시 거창고등학교 또는 홍성 풀무농업고등학교와 같은 실사구시의 대안교육을 매개로 하는 생활공동체를 구현하고 싶었다. 이러한 진정성은 사라지고 기독교를 표방한 <자생적 공산주의 집단>이라는 누명을 쓰게 되었다. 이 사건은 지나치게 작위적으로 짜 맞춘 흔적이 크고, 법리적용의 문제와 많은 부분이 확대 해석 되었다고 하여 대법원에서 고등법원으로 파기 환송되는 핑퐁재판이라는 별칭이 붙기도 했다.

　이런 어처구니 없는 일로 시작된 구금생활과 수형생활은 길게 이어졌다. 많은 재소자들을 돌볼수 없는 교도소의 감리교목사님은 신학공부를 하다 온 신학생이라는 이유로 내게 한 사동의 예배 인도와 설교를 부탁해 왔다. 억울함도 공존했지만 이 가운데 주어진 옥중전도사의 역할은 하늘의 또 다른 섭리같이 여겨져 지극정성으로 설교를 준비했고, 더러는 재소자들의 사연을 듣고 기도하는 상담도 이어졌다. 같은 사동에 네 명의 사형수가 같이 생활하고 있었고 그중 한 사람의 사정을 듣게 되었다. 아버지가 위독하다는 전화를 받고 바르게 가려고 주머니를 뒤져보지만 택시비가 부족했던 그는 동료에게 5천원을 빌려달라고 부탁했다. 그 동료는 5천원을 빌려주며 5천원도 없느냐며 모멸감을 주었다. 위독한 아버지는 결국 장례로 이어져 장례를 마치고 돌아온 병사는 자신에게 모멸감을 안겨준 동료를 살해한 것이었다. 5천원이 없어 동료를 살해할 수 밖에 없는 안타까운 처지와 형편의 사람들이 모여 사는 곳이 아둘람 동굴 곧 현대

판 교도소였다. 다윗 당시의 아둘람 굴에는 "환난 당한 모든 자와 빚진 모든 자와 마음이 원통한 자"(삼상 22:2)가 다 그곳에 모여 있었다고 했듯이 말이다. 수형생활 중 다양하게 만나본 재소자들은 한결같이 재수가 없었고, 억울한 누명을 쓰고 들어오게 되었다고 고백한다. 그 실상이야 다 알 수 없지만 한 가지 분명한 것은 구조와 제도의 희생자라는 점은 분명하다. 억울(抑-누를 억, 鬱-답답할 울)은 애매하거나 불공정하여 마음이 분하고 답답한 것을 이른다. 구조적인 가난과 제도적인 불공정의 현실속에 그들의 억울함을 접하며 이해하게 되었고 그들의 입장에 공감하게 되었다. 개인적이거나 사회적이거나 자연재해이거나 상처와 상실로 우는 이들 곁을 지키게 된 것은 결코 우연이 아닌 상처입은 치유자의 삶으로의 소명이었고 그들에 대한 옹호와 대변은 점차 나의 일상이 되었다.

억울한 옥고를 치르고 난 뒤에도 나를 향한 신병 감시가 이어졌고 나의 행정 서류에는 전과자라는 낙인이 찍혔다. 그런 불편함을 감수하며 지내기를 10년 뒤인 1991년 12월 베를린 장벽이 붕괴되자 학자들은 공산주의의 붕괴를 역사의 종언이라고 선언했다. 자유민주주의의 적수가 없으며 "인류의 이념 진화가 끝났다"고까지 했다. 상품, 자본, 정보의 자유로운 통행으로 세계가 냉전 시대의 갈등과 비민주적 체제로부터 이탈할 것으로 여겨졌다. 총회 사회봉사부 총무로서 북한 지원을 위해 평양과 개성을 방문하면서 학자들이 이야기하듯 이데올로기 게임은 끝난 것으로 보여졌다. 다니엘 벨의 이데올로기 종언은 역사적 증언에서 현실이 되어 있었다. 그럼에도 북한과 중국과 쿠바의 남은 실험은 우리를 노파심으로 안내하고 있다. 진보와 보수의 나뉨은 진영이 되어 남남갈등으로 증폭되고 있다. 이를 정치와 전략으로 적절하게 이용하고 활용하는 것이 문제로 보였다. 억울한 옥고를 치르게 한 군사독재 정권이 끝나고 문민정권이 들어서고 몇 차례의 정권을 거치면서 보다 더 성숙한 역사의식을 가질만도 하지만 아직도 우리는 분단국의 아픔이 진행형으로 계속되고 있다. 그래서 우리는 남북통일을 이루어 내야 한다. 민족의 염원인 당위적인 통일에 이르기 위해 지금 여기서 우리가 갖추어야 할 화두는 바로 평화다. 자유가 그렇듯 평화 역시 거저 주어지지 않을 것이다. 가진 것을 고르게 나눌 때 우리는 화해가 가능하고 하나됨이 가능할 것이다. 분단의 현실 속에서 다른 것을 찾지 말고 같은 것을 찾아 우리는 본래 하나였음을 그리고 주님은 우리에게 하나되라는 지상명령을 주셨음을 기억해야 한다. 우리 한국교회는 분단과 분열을 넘어 평화와 통일을 이루는 디딤돌이 되어야 할 것이다.

2007년 12월의 서해안 기름유출사고는 지금도 생생하다. 성장과 발전이 우리의 과제로서 미래는 희망적인 줄만 알았다. 경제에 올인하고 효율성을 극대화하면 우리가 꿈꾸는 유토피아에 이를 줄 알았는데 그런 우리들에게 아픈 교훈으로 주어진 사고였다. 마구잡이로 바다를 개발하고 마음대로 관리해도 되는 줄 알았다. 그러나 우리의 경제적 욕심 때문에 바다가 죽었다. 바다가 죽으니 사람도 살 수 없었다. 우리는 서해안 바닷가 태안에서 바위를 닦고 모래톱의 모래를 씻어내며 생태적 회심을 하게 되었다. 우리가 소중히 여겨온 자연환경은 우리가 마음대로 하면 안되는 하나님의 피조물임을 다시 깨닫게 되었다. 로마서 8장 '피조물의 신음소리'를 비로소 듣게 된 것이다. 참 좋았다고 극찬하신 창조세계가 우리들의 욕심과 잘못된 관리로 죽어가고 있다는 바다의 탄식을 접하면서 한국교회는 진보와 보수, 농촌과 도시, 농어촌교회와 대형교회는 한몸이 되는 경험을 하였다.

창조질서의 보전이 우리의 시대적 과제가 되는 자리였던 것이다. 이제는 아름다운 별을 보기 위하여 물쓰듯 사용해 온 전기불을 잠시 끄는 불편함을 감수해야 한다는 깨달음의 기회였다.

칼 바르트가 한 손에는 성경, 또 한 손에는 신문을 들라고 했다. 하나님의 말씀과 세상사, 곧 교회와 사회, 신앙과 세상을 어느 것 하나 놓치지 말고 균형 있게 잘 살아야 한다는 말씀일 것이다. 우리가 살아온 과정은 하나의 역사가 된다. 필자가 지나온 자취는 필자의 메시지다. 가난과 감옥 그리고 서해안은 나의 좋은 스승이 되었다. 개인의 경험으로 끝나지 않고 이를 승화해서 한국교회의 시대적 과제로 가져가야 할 것이다. 내려오는 집안의 선비정신과 나라를 먼저 세우려는 민족애는 독립운동으로 이어졌고, 민주화운동의 뒤편에서 귀한 역할을 해온 형님의 삶을 듣고 보고 익히 배워온 터였다. 대전 장청, EYC, 인권위원회, NCC의 활동은 자연스러운 나의 무대가 되었다. 특히 2013년의 WCC 10차 부산 총회 협동 사무총장의 무거운 직함으로 한국교회와 세계교회를 잇는 일치와 연합의 좋은 경험이 되었다. 결핍과 상실의 재해 현장을 국내외 NCC와 더불어 돌보고 섬기면서 연대의 확장성을 보게 되었다. 다양한 교회들이 사회적 약자를 섬기며 하나되는 디아코니아적 경험을 통해 교회의 일치와 연합의 필요성과 방향성은 필자가 마지막까지 품고 가야 할 시대적 소명이기도 하다.

오스트리아의 건축가, 화가이자 환경운동가인 프리덴스라이히 훈데르트바서(Friedensreich Regentag Dunkelbunt Hundertwasser, 1928-2000)는 "혼자 꿈을 꾸면 꿈에 그치지만 모두가 함께 꿈을 꾸면 그것은 새로운 세상의 시작입니다." 모두가 함께 꾸는 꿈을 한국교회안에서 같이 이루기 위해 교회와 사회 함께 연대해 미래에서 부르시는 하나님의 손짓에 적극적으로 응답하고자 한다. 이러한 우리들의 꿈을 하나님께서도 기쁨으로 도우시고 인도해 주시리라 확신한다.

김종생 목사

제1부
한국교회의 연합과 일치

한 구간만을
달리도록 허락된 자리와 기회[1]

지난 5월10일 윤석열의 정부가 출범하였다. 문재인정부 5년의 평가는 정부를 교체하는 쪽으로 결과 지워진 것이다. 0.73%라는 근소한 차이로 선거의 승패가 갈리다보니 패한 민주당 정부는 억울한 마음이 더 드는 것 같다. 선거과정도 그랬지만 선거이후 인수위가 새정부의 설계를 해가면서 신구정부의 힘겨루기는 곳곳에서 노정되었다. 민주당 정부는 박근혜정부를 탄핵하고 촛불로 구축한 국민

1   20220516 기독교연합신문 시론 원고

의 정부인데 탄핵정국과 코로나라는 전대미문의 재해와 부동산 관리의 실수로 마지막에 그만 점수를 잃었다는 관점이었다. 국민의 힘은 지난 5년 야당으로 지내오며 받은 여러 불이익을 떠올리며 이전의 정책과 성과를 부정하는 입장에 가까운 지점에 서 있었다. 전임 정부로부터 물려받은 나라의 현주소는 엄정하고 긴박하였다. 엄청나게 불어난 나라 빚과 부동산 폭등, 물가고로 국민들의 우려가 크고, 성장 동력은 꺼져가고 청년들은 꿈을 잃고, 정책과 인사의 진영논리로 민심은 갈기갈기 나뉘어졌다. 국제환경과 대외관계 역시 불안정하고 요동을 친다. 더욱이나 여소야대의 국회상황은 상대를 인정하고 더불어 함께 상생하는 관계로 이어지지 않는 것이 정치 현실이다.

교회든 사회든 홀로는 안 되는 것을 절절하게 경험하고 있다. 엄연히 다른 두 세력이 온존하기에 서로 손을 맞잡지 않으면 한치도 앞으로 나갈 수 없는 실정이다. 사도바울은 고린도 교회에 보낸 편지에서 상생과 통합의 지혜를 언급하고 있다. 당시 고린도교회는 네 분파 곧 바울파, 아볼로파, 게바파, 그리스도파가 있었다. 바울은 복음을 심었고 아볼로는 물을 주었고 베드로는 예루살렘교회를 대표하고 있었다. 하나님은 바울이 심고 아볼로가 물을 준 식물을 자라게 하신다는 것이다. 그리고 우리 모두는 하나님의 동역자들임을 분명히 하면서 서로 다른 역할을 통하여 합력하여 선을 이루는 것이 하나님의 섭리라는 것이다.

　어느 건축현장에서 벽돌을 쌓고 있는 전문가에게 멀리서 바라보던 꼬마아이가 삐뚤다고 소리를 쳤다. 그걸 어떻게 아느냐고 묻자 꼬마는 "멀리서 보면 다 보여요"라고 답한다. 당사자로 내부에 있으면 전체를 볼 수 없으며 객관적일 수 없다. 조금만 멀리서 바라보면 전체가 보이는 법이다. 그렇다고 벽돌을 쌓는 전문가가 필요 없다는 것이 아니다. 우리 주님은 내가 길이라고 선언하셨다. 그것은 아마도 사람들이 독점하고 싶어하는 정답은 우리들의 것이 아니라 하늘의 것이라는 선포 같은 것이리라. 사람들은 자기 경험과 입장에서 서로 함께 답을 찾아가되 내가 오판할 수도 있다는 겸손함을 가져야 한다. 답을 알고 있다는 오만과 내가 최선이라는 독선이야말로 우리 모두가 경계해야 할 일이다. 이전의 것은 다 틀린 것 같은 오만에서와 내가 메시야가 되려는 독선에서 벗어나, 구축해 놓은 이전

의 것에서 다시 이어달리기로 최선을 다해야한다. 우리들
은 한 구간만을 달리는 역할을 부여받았기에!

민족교회의 꿈[1]

　올해는 3.1 운동 100주년을 맞이한 참으로 뜻깊은 해이다. 3.1 운동은 헌법의 기초이며 모든 국민이 기억해야 할 국민적 유산이고 미래에도 계승해야 할 민족의 정신이다. 특별히 3.1 만세운동에 교회의 참여가 대단했다는 점에서 우리는 3.1 운동의 역사와 의미를 되새겨야 할 것이다. 그동안 한국교회는 기념될만한 일들이 있으면 교인이 앞장서서 헌신하고 새롭게 나아가자는 '구호성 외침'을 계속해 왔다. 3·1 운

1　20190314 기독교연합신문 시론

동 100주년 관련 행사도 예외가 아니었다. 그러나 기념 예배와 기념행사 만으로는 2% 부족하다는 느낌이다. 민족과 나라를 위한 선언적인 애국의 외침은 컸지만 소금과 빛으로서의 사회적 책임과 민족의 숙제인 평화통일의 당위적인 선언에 그치고 구체적인 로드맵은 찾기 어려웠다.

진정한 승리는 상대를 이길 수 있는 힘을 기르는 것이다. 우리는 그동안 일본을 비난하고 비판은 해 왔지만 정작 일본을 넘어서기 위한 치열한 노력은 부족했던 것 같다.

어린왕자를 쓴 생떽쥐베리는 이렇게 말했다. "당신이 배를 만들고 싶다면 사람들을 모아 목재를 가져오게 하고 일을 지시하고 일감을 나눠주는 일들을 하지 마라. 대신 그들에게 저 넓고 끝없는 바다를 꿈꾸게 하라." 바다를 보여주고, 바다를 사랑하게 하면 일은 시작되는 법이다. 그러면 새롭고 창의적인 배로 구현이 되는 것이다. 바다를 사랑하게 하는 것은 곧 비전과 가치를 갖게 하는 것이다. 목재를 고르고 연장을 사용하고 배를 조립하고 하는 것들은 모두 기능적인 차원의 것이다. 기능을 넘어선 가치에 대한 갈망이 우선되어야 한다.

일찍이 일본에 건너가 우찌무라 간조의 영향을 받은 김

교신 선생은 자칫 뜨거워지기 쉬운 감정적인 애국이 아니라 찬물을 끼얹으며 냉철한 이성적 삶을 살아갈 것을 주문했다.

조선을 너무나도 사랑한 선생은 우리 국민성을 바로 깨우치고 바른 인격과 도덕을 겸비한 품위있는 하나님의 자녀로 세우기 위해 그 무엇도 아닌 성서의 말씀을 통해서만이 가능함을 알고 조선을 성서 위에 올려놓겠다고 하였다. "그러므로 성서를 조선 위에 그러므로 조선을 성서 위에" <성서조선>을 창간하고 그 창간호에서 선언하였다. 우리의 수많은 성경공부와 설교가 대한민국과 민족의 역사 속에서가 아니라 수험생의 무조건적인 문제 암기와 같이 진행되어 온 것은 아닌지 돌아봐야 한다.

이스라엘의 역사는 해박하지만 한반도의 역사에는 문외한이 되어왔고, 미국의 역사와 인사들에게는 우호적이면서 정작 우리의 역사와 인물들은 귀하게 보지 못했던 것이다. 많은 성경공부와 새벽기도로 교회 생활에 충실할수록 직장과 사회와는 거리를 두게 된 것이다.

칼 바르트의 "한 손에는 성서를, 한 손에는 신문을."이라는 유명한 격언처럼 우리는 분단의 역사 속에서 성서를 읽고 역사를 재해석해 가야 하는데 말이다.

민족의 아픔이 교회의 아픔이었던 당시 교인은 20만명으로 1%밖에 되지 않은 적은 집단이었다. 그럼에도 민족교회로서 손색이 없었던 것은 교회의 크기에 있지 않았다.

중요한 것은 "우는 자들과 함께 울라"는 말씀을 그대로 실천하는 교회였다는 사실이다. 나라를 되찾으려는 비폭력 저항운동을 우리 믿음의 선조들은 입이 아닌 손과 발로 죽음까지 불사하며 실천했다. 이 정신이 3·1운동 100주년을 맞은 한국교회에 주는 하늘의 메시지이다.

민족을 건너뛴 세계선교의 아쉬움을 우리는 여실히 보고 있으며 가장 민족적인 것이 가장 세계적인 것이 된다는 사실을 우리는 성서와 이스라엘의 역사에서 배우고 있는 것이다. 그래서 기도한다. 민족교회의 꿈을 이루게 하소서!

업글인간과 선을 넘는 성탄[1]

'가성비' '워라밸' '소확행' 등 트렌드 키워드를 선보이며 매년 놀라운 적중률(?)을 자랑해 온 김난도교수팀의 '트렌드 예측의 교과서' 2020 <트렌드 코리아>가 출간되면서 화제를 낳고 있다. 2020년 개인의 변화로 '업글인간'을 트렌드 중 하나로 제시했다. '업글'은 업그레이드의 준말인데 '한 단계 높이다'라는 뜻이다. 자신을 업그레이드하고 어제보다 나은 나를 지향하는 요즘 젊은이들의 성향을 이르는 말이다.

---

1   20191125 기독교연합신문 시론

'업글인간'은 끊임없이 스스로를 업그레이드하는 데 열중하는 사람을 의미한다. 성공보다 성장을 추구하는 자기 계발형 인간이라고 할 수 있다. 이들은 타인과의 경쟁에서 이기려는 단순한 스펙이 아니라, 삶 전체의 커리어를 관리해나감으로써 '어제보다 나은 나'를 만드는 것에 관심을 둔다.

　그동안 우리는 성공을 목표로 하여 타인과의 '경쟁'에 중점을 두었다. 그러나 '업글인간'은 타인과의 비교나 경쟁보다는 자신의 행복을 중시하는 가치개념이다. 따라서 '업글인간'이 추구하는 것은 건강과 여가와 능력이고, 이를 몸과 취미와 지식의 성장을 통해 달성하는 것이다. 첫째 "몸의 업그레이드"다. 사람들이 웰빙과 자신의 건강에 관심을 갖기 시작하며 어제보다 더 성장한 자신의 모습을 추구하고 있다. 둘째 "취미의 업그레이드"이다. 새로운 나의 관심사를 발견하고 취미로 인해 생긴 새로운 경험들을 통해 성취감을 느끼게 해 준다. 현대인들은 직접 찾으면서 나의 소중한 취미, 혹은 나를 발전시킬 수 있는 계기들을 만들어가고 있다. 셋째 "지식의 업그레이드"이다. 지식을 중점으로 나오는 책들도 증가하고 있으며, 사람들이 직접 비싼 금액을 지불하고 강의를 듣고, 독서모임을 참여하며 지식을 성장시키고 있다. 대림절에 성공에서 성장으로 성장에서 성숙함으로 '업글인간'을 소망해 본다.

종교개혁 500주년도 지나고 3.1 운동 100주년도 지나고 2020년이라는 새해를 맞이하는 한국교회는 어떤 주제를 가지고 성찰해 가야하는지 반추해보고 싶다. 그동안 우리는 교회성장의 사명을 지상명령으로 알고 앞만 보고 달려왔다. 교회성장의 멈춤 앞에 생존의 위기를 경험하고 있다. 그로 인해 자립교회들은 선교와 봉사의 영역을 줄이는 긴축재정을, 미자립교회들은 살아남기(?) 위한 발버둥의 고육지책으로 택시운전과 택배기사 등의 이중직을 선택하고 있다. 목회자와 교회의 역량을 길러야 다가온 추위의 긴 터널을 지나갈 수 있는데 우리는 아직도 세속적인 성장신화와 내분을 버리지 못하고 있는 실정이다.

동일한 형제교회들간에 도토리 키재기 식의 경쟁으로 소모전을 치르고, 교단간 정치와 신학의 차이와 교회의 서로 다른 가치 경쟁은 우리들에게 아무런 유익을 주지 못한다. 교회는 기본적으로 선교적이다. 여기서 선교는 선을 넘는 것을 말한다. 유대인이 유대인의 선을 넘어 이방인에게로 향하고, 자신의 의로움에서 죄인의 회개 영역으로 선을 넘어 오듯 말이다. 교인이 교인의 선을 넘고, 교단이 교단의 선을 넘어서야 한다. 하나님이 그토록 사랑하시는 세상 속 작은 신음소리에 귀 기울이는 교회되기 위하여! 우리 내부의 진검승부는 여기서 끝내고 세상속으로 들어가는 성탄의 계절이 되어야 한다. 어느 은퇴목사의 <은퇴유감>이라는 시에 "중략 - 갈 곳이 없는 것도 아닌데, 아직 부르는 곳도 많은데, 오래 있었던 그 자리가 나를 끌어당긴다. 스스로 앞당겨 내려놓았어도, 가슴 한편에 아쉬움이 쌓여, 섭섭함이 되고, 슬픔이 된 것임을 알았다... 아 ,이래서 그랬구나! 놓지 못해 욕먹었던 분들이, 조금이나마 이해되었다."고백하듯 내려놓기는 참으로 힘들기에 고귀해 보인다. 지금의 나는 아주 작은 손해를 감수할 수 있을까? 오늘의 나는 약간의 시간과 재정의 고통분담에 선뜻 동참할 수 있을까? 숱하게 내려놓자고 작아지자고 설교하고 입버릇처럼 말해 왔지만 이번 성탄절엔 실천해 볼 수 있을까? 그저 부끄러움만 보여 머리를 들 수 없는 자신이다.

진정성 회복에서
정당성까지[1]

한국사회에서 진정성있는 지도자를 찾기 어려워진 것은 어제 오늘의 일이 아니다. 종교인, 교육자, 정치인, 기업인, 공무원 등에서 진정성이 결여된 리더들로 인한 폐해가 커서 '가장 좋은 태교는 뉴스를 보지 않는 것'이라고 말하는 사람도 있다. 이런 사회적 결핍이 진정성을 더 그리워하게 한 것 같다. 우리 시대는 '경쟁'에서 '공생'의 시대로 변해 가고 있는데 '공생'하려면 기본적으로 '신뢰'가 바탕이 되어야 한다.

---

1   20200120 기독교연합신문 시론원고

무엇보다도 진정성 없이는 상대에게 신뢰를 줄 수 없는 법이다. 그래서 진정성은 더 이상 선택 사항이 아니라 필수 요소가 되었다.

그럼 진정성이란 무엇을 말하는가? 사전상 진정성의 정의는 '진실하고 참된 성질'이다. '진정성'이란 단어를 검색해 보면, 하나는 '참되고 애틋한 마음', 다른 하나는 '거짓이 없고 참됨'이다. 이러한 진정성이란 타고나는 성향이라 생각하기 쉽지만 진정성이란 끊임없는 성찰과 개선을 통해 다듬어 가는 것이다. 성찰을 통한 훈련이기에 우리는 우리의 설교가 우리교회의 구호가 우리의 선교와 봉사가 주변사람들에게 나아가 우리 사회에 진정성이라는 동어반복으로가 아니라 감동으로 와 닿도록 고려해야 할 것이다.

미국 하버드대학의 스콧 스툭 교수는 진성성 리더십에 대해 "진정성 있는 리더가 되기 위해서는 때론 실수도 저지르고 두려워할 줄도 아는 불완전한 인간이라는 사실을 인정하고 이를 스스럼없이 밝힐 수 있어야 한다. 리더가 자신의 실수나 한계를 공개할 때 조직원들과 투명하고 인간적인 관계를 유지할 수 있고 장기적으로 조직역량이 강해진다."고 강조한다. 다시말해 남에게 완벽한 모습을 보이고 남을 이끄는 영웅이 되려고 하기보다는, 자아를 성찰하고 자신의 생각과 감정을 공동체 속에서 공유함으로써 다른 사람들과 밀접한 관계를 형성하는 것이 진정한 리더십이라는 것이다.

우리 기독교 지도자들이 빠지는 함정이 있다. 내가 옳다는 입장과 하나님편에 서 있다는 관점 때문에 사회관계속에 재판관이 되고 종종 목자가 되려는 경향이 있다. 상대로 하여금 진심을 느끼게 하고 공감을 얻어 가는 과정이 아니라 나의 정의를 강변하고 강요하려 한다. 진심어리다고 내용이 무조건 옳게 되는 것은 아닌데 말이다. 진실하다고 진리일 수는 없기 때문이다. 진정성이 정당성을 보증하지 않는다. 우리가 하고 있는 진심어린 이야기와 프로그램들이 진정성이 있다는 이유만으로 정당성을 부여받지 못할 수도 있다.

우리가 살아가는 사회속에 면면이 흐르는 시대정신과 우리가 작위적으로 만들 수 없는 사회적 정서가 엄연히 존재하기에 교회안에서 사용하는 언어와 정서가 또 다른 프레임인 사회의 틀속의 적합성 여부를 끊임없이 되물어야 할 것이다. 그래서 우리 사회가 용인하고 국민 모두가 수용하는 최소한의 정서가 우리 교회안에서도 통용되어야 할 것이다. 언제부터인가 우리 교회가 사용하고 있는 용어는 사회속 방언이 되어 버렸고 우리 교회의 정서와 사회적 정서 사이의 이질감 또는 위화감의 거리는 한없이 크게 벌어져 있는 것 같다. 우리는 분명히 두 개의 나라에서 살아가는 것이 사실이지만 우리가 추구하는 진정성과 정당성의 핵심가치가 세속화에 파묻혀 교회 혼자서만 일방적으로 외치므로 주변에 민폐가 되는 것은 아닌가 하는 어리석은 질문을 던져보곤 해야한다.

우리교회는 말과 행동에서 내용과 형식에서 진정성이 담보되어야 한다. 우리의 이해관계와 우리가 처한 상황 때문에 참을 거짓이라 또는 거짓을 참이라 주장해선 안된다. 우리 교회구성원이 아니어도 우리의 진정성에 공감할 수 있도록 우리는 말하고 행동해야 할 것이다. 우리의 주장이 아니라 그렇게 느끼도록 세심한 배려가 필요하다. 아울러 우리의 진정성이 사회적 정당성까지 확보될 수 있도록 그 정서와 절차와 형식에까지 우리는 신경써야 할 것이다.

압록강과 두만강은
태평양에서 합류한다

장편소설 대지(大地)로 1938년 노벨 문학상을 탄 펄벅 (Pearl S. Buck, 1892~1973) 여사의 일화가 생각이 난다. 1960 년 경주를 방문하는 중 지게에 볏단을 진 채 소달구지에 볏단을 싣고 가던 농부의 모습을 보게 되었다. 지게에 짐을 따로 지고 갈 게 아니라 달구지에 싣고 농부도 소달구지에 타고 가면 좋을텐데 생각하고는 "왜 소달구지를 타지 않고 힘들게 가시나요?" 물었다. 그러자 농부가 "에이,

---

1   20220818 가스펠투데이 디아코니아 원고

어떻게 타고 갑니까...저도 하루 종일 일했지만, 소도 하루 종일 일했는데요. 그러니 짐도 나누어서 지고 가야지요.” 흔히 볼 수 있는 한국의 농촌풍경이었지만, 그녀는 고국으로 돌아간 뒤 이 모습을 세상에서 본 가장 아름다운 풍경이었다고 고백하였다. 또 한번은 초겨울에 감이 달려있는 감나무를 보고는 “감을 따지 못해 그냥 두는거냐”고 물었다. “새들을 위해 남겨둔 까치밥”이라는 설명을 듣고 한국에서 보고자 했던 것은 고적이나 왕릉이 아니었다며 이러한 동물을 위한 배려와 넉넉한 한국민심을 보았다며 탄복을 하였다.

가난했지만 이런 넉넉한 인심이 있어 식사 때가 되면 주변의 모든 이들을 불러 같이 밥을 먹었었는데 지금은 경제적 형편이 한결 나아졌는데도 각박하기 그지없는 오늘이다. 너그럽다는 말을 사전에는 ‘넓어 감싸 받아들이는 성질이 있다 ’로 정의한다. 너그럽다는 말은 아량(雅量)이나 도량(度量)의 큰 그릇으로, 또는 관용(寬容)이라는 한자어의 의미를 포괄하는 순수한 우리말이다. 넉넉하게 포용하는 큰 사람을 의미한다.

백두산 천지에서 발원한 물줄기가 장백폭포를 이루고

압록강으로 흘러 서해에 이르며 두만강은 동해로 나갔다가 결국은 태평양에서 합류한다. 압록강이냐 두만강이냐, 서해냐 동해냐를 놓고 씨름하지만 종국에는 더 큰 바다 태평양에서 하나가 된다.

사도바울은 고린도교회에 보낸 두 번째 편지에서 마음을 넓게 가지라고 권하고 있다. 조금만 더 멀리 내다보고 한번 더 생각해 보면 우리들의 아량도 조금은 넉넉해 질 수 있지 않을까? 우리교회가 언제부터 이렇게 까칠해지고 예민해졌을까? 배척하고 제거하려고 금방이라도 싸움이라도 할 기세다. 우리 주님은 복음서에서 우리를 반대하지 않는 사람은 우리를 위하는 사람이라고 편가름의 경계선을 걷어내고 있다.

시인 조희선은 〈하느님 바보〉에서

" 높은 것 낮은 것도 구별할 줄 모르고
좋은 것 싫은 것도 골라낼 줄 모르고
손해 이익 따위 계산할 줄 모르고
네 편 내 편도 만들 줄 모르는

하느님은 바보

오직 하나

사랑만 아시는

사랑밖에 모르는 하느님, 바보!"

　서로 다르지만 바다처럼 모두를 품는 좀 더 너그러운 한
국교회를 그려본다.

고장난명
孤掌難鳴 [1]

　'머리가 둘인데 몸은 하나'인 갓난아기 이야기가 탈무드에 나온다. 모든 아이는 생후 1개월이 되면 교회에서 아기를 축복해주는 의식이 있는데 어떻게 해야 할지 문제가 생겼다. 이 아이에게 축복을 두 번 해야 하는가? 한 번만 해도 되는가? 에 대해서 탈무드는 이렇게 답한다. 한쪽 머리에 뜨거운 물을 부어 다른 쪽 머리가 비명을 지르면 한 사람으로, 반응이 없으면 두 사람으로 보면 된다는 것이다. 한 지체면 아픔

1 　20230210 가스펠투데이 디아코니아 원고

에 반응을 즉각 보일 것이고 한 지체가 아니면 아픔에도 기쁨에도 반응을 보이지 않을 테니까 말이다.

탈무드 이야기 하나를 더 소환해 보자. 굶어 죽기 직전의 두 사람이 간절히 기도하자 신이 나타나 각자 기도한 대로 한 사람에게는 낚싯대를, 다른 사람에게는 한 광주리의 물고기를 주었다. 두 사람은 각자 몫을 챙긴 후 길을 나섰다. 낚싯대를 얻은 사람은 바다까지 걸어갔지만 탈진해 고기도 잡기 전에 죽었고, 물고기를 얻은 사람은 기쁜 나머지 물고기를 요리해 허겁지겁 먹었지만, 물고기를 다 먹자 그만 굶어 죽었다. 만약 물고기를 받은 사람이 낚싯대 받은 사람과 함께 물고기를 같이 먹고, 함께 바다에 가서 낚시했더라면 둘 다 살아남았을 것인데 말이다. 하나님은 한 사람에게 두 가지 모두를 주시지 않았다. 각자 가진 것에 감사하면서 주어진 것을 독점하여 담을 치지 말고 같이 나누며 더불어 살라는 메시지가 담긴 것이다. 상생과 협력이 중요한 이유다.

일찍이 성서엔 남성의 홀로 지냄이 좋지 않아 그를 돕는 베필로 여성을 짝지어 주셨고, 말씀만으로나 떡만으로는 부족하기에 말씀과 밥을 같이 주심을 언급하고 있다. 교리와 신학을 달리하는 여러 교단이 생겨나고, 복음주의와 에큐메

니칼 진영이 함께 동역하도록 하신 이유도 같은 이치일 것이다. 그래서 보수도 진보도 같이 존재해야 한다. 상대방이 불편하고 불합리하여 제거하고 싶지만 '마지막 날까지 가라지를 뽑지 말라'고 하신 깊은 뜻이 있어 보인다.

포항시 호미곶에 있는 해맞이 광장에 있는 <상생의 손> 기념물은 인류가 화합하고 화해하며 더불어 사는 사회를 만들어가자는 의미로 만들어진 조각물이다. 1999년에 조각가 김승국 교수(영남대학교)에 의해 제작되었으며, 이어령 대한민국 새천년준비위원회 위원장과 대구은행 협찬으로 당시에 붙인 이름이다. 바다에는 오른손이, 육지에는 왼손이 있다. 많은 사람이 찾는 이 조형물이 우리에게 주는 메시지가 있다. 바로 고장난명[孤掌難鳴]이다. 두 손으로 마주쳐야 소리가 난다는 뜻이다. 한쪽 손벽으로는 울리지 못한다는 것으로, 혼자서는 일을 이루기가 어려운 것을 비유적으로 이르는 말이다.

상생하기 위해서 하나의 손으로는 부족하다. 한 손으로 악수는 할 수 있지만, 포옹은 곤란하다. 서로 다른 손을 맞잡아야만 생존할 수 있고 사랑은 완성된다. 그러기 위해 상대방을 먼저 인정해야 한다. 그리고 서로 다른 점이 아니라

같은 점을 찾아내고, 비교적 부담이 적은 부분부터 하나가
되는 경험을 쌓아가며 마주치는 손뼉의 성공사례를 만들어
내면 좋겠다.

지식은 말하려 하고
지혜는 들으려 한다[1]

"유대인이나 헬라인이나 종이나 자유인이나 남자나 여자나 다 그리스도 예수 안에서 하나"(갈 3:28)인 우리 교회는 다양성 속의 일치를 추구해 왔다. 신학과 전통에 따른 다양성은 있는 그대로 인정하고 존중하면서 예수그리스도 중심으로 교회의 연대와 협력을 이루어 왔다. 다양한 이들이 일치를 추구 함에 있어 '소통이 잘 안되는 이유는 내 생각이 옳다거나 내 방식대로 결론 내거나 상대방의 말을 자르기 때문'이라

---

1   20230502 기독공보 논설위원 칼럼

며 '경청과 공감은 신뢰를 부르는 소통의 비밀'이라고 '폴 투르니에'는 강조한다.

경청(傾聽)의 한자 풀이가 재미있다. 聽은 상대방에게 가까이 다가가 마치 왕이 백성을 사랑하는 마음처럼 듣고, 열 개의 눈으로 관찰하며 온전히 한마음으로 몰입해 들으라는 뜻이다. 傾은 기울일 경으로 듣는 자세를 뜻하는데 상대에게 기울여 듣는 것이다. 다시 말해 몸을 기울이고 귀를 쫑긋 세워 온몸으로 들으라는 것이다. '의사소통에서 제일 중요한 것은 상대방이 말하지 않는 소리를 듣는 것'인데 심리학자들은 이를 '제3의 귀로 듣는 것'이라고 한다. 헨리 나우웬은 '예수님은 온몸이 귀였다!'고 표현한다. 주님은 사람들의 소리를 온몸으로 들으시고, 마음을 다해 다른 사람의 소리에 귀를 기울인다는 것이다. '듣는 것이 보는 것을 결정한다.'는 말이 있다. 듣는 것이 결정의 가장 기본적인 태도이기 때문이다.

지혜의 상징인 솔로몬은 지혜를 구한 것이 아니라 '듣는 마음'을 구했다. "누가 주의 이많은 백성을 재판할 수 있사오리이까 듣는 마음을 종에게 주사 주의 백성을 재판하여 선악을 분별하게 하옵소서"(왕상 3:9) 여기 '듣는 마음'의 원문에는 가까이 가서, 자세하게, 이해되기까지라는 뜻이 내포되어 있다. 듣는 마음으로 백성에게 다가가 그들의 입장을 들으려 한 솔로몬에게 하나님은 넓은 마음을 주시되 지혜와 총명을 얻어 주셨다. "하나님이 솔로몬에게 지혜와 총명을 심히 많이 주시고 또 넓은 마음을 주시되 바닷가의 모래같이 하시니"(왕상 4:29) 솔로몬의 위대한 지혜는 경청에서 나오는 비결임을 알 수 있다. 자주 듣고, 많이 듣고, 잘 듣는 데서 지혜가 생기기 때문이다. 그러므로 지혜자의 태도는 들음이고, 들음을 통해 지혜자의 삶을 살게 되는 것이다. '지식은 말하려 하지만 지혜는 들으려 한다.' 탈무드에 나오는 격언이다. 지식은 글과 말을 통해 배울 수 있지만, 지혜는 글과 말을 통해 배울 수 없다. 지식과 달리 지혜는 몸으로 체득해야 생긴다. 지식이 없으면 무식하다고 하고, 지혜가 없으면 어리석다고 한다. 세상을 바꾸는 사람들을 살펴보면 지혜를 가진 사람들이다.

1981년 12월 27일 마지막 주일 청량리중앙교회 임택진 목사님 은퇴식이 있었다. 23년간 충성스럽게 목회하시고 은퇴하시면서 "명한 대로 하였다고 종에게 감사하겠느냐... 우리는 무익한 종이라 우리가 하여야 할 일을 한 것뿐이라"(눅

17:9,10) 성경을 읽으시고 "무익한 종은 물러갑니다. 그동안 감사했습니다" 지금도 많은 이들이 1분도 안되는 짧은 은퇴사를 인용하며 임목사님을 존경하고 있다. 짧지만 긴 울림은 우리 가슴에 오랫동안 남는다.

마더 테레사 수녀에게 어느 날 기자가 물었다. '수녀님은 매일 기도를 오래 하신다고 들었는데 기도할 때 주로 어떤 말씀을 하세요?' 그러자 테레사 수녀는 말했다. '전 그저 듣기만 해요.' 기자가 다시 물었다. '그럼 하나님은 무슨 말씀을 하나요?' 그러자 수녀는 이렇게 말했다. '그분도 듣기만 해요' 테레사 수녀의 이 말을 통해서 '들음'이 얼마나 신비스러운 능력인가를 알게 된다. '들음'은 하나님과 사람 사이의 중요한 매개 통로다. 성경에는 하늘의 소리를 들은 이들의 이야기로 넘쳐난다. 교회는 서로 다른 이들이 다양하게 모여 일치와 연합을 도모해야 하는 곳이다. 일치와 연합의 길은 서로 존중하면서 상대의 입장과 주장을 경청하는 것이다. 한국교회가 회복해야 할 것은 먼저 겸손하게 듣는 일이다.

제2부
코로나19 이후의 한국교회

코로나 이후의 길은
지금 여기가 그 출발점[1]

　`코로나19`로 우리는 한 번도 해보지 못한 새로운 일들을 경험하고 있다. 그래서 많은 전문가들은 `코로나19` 이전과는 분명 다른 생활이 될 것이라고 전망하며 이런저런 대안을 내고 있다. 일찍이 요한복음에서의 도마처럼 주님이 제안하는 새로운 길인 십자가를 우회적으로 언급할 때, "주여 주께서 어디로 가시는지 우리가 알지 못하거늘 그 길을 어찌 알겠습니까?"라며 길과 답을 다 알고 있는 것 같은 오만함

1　20200518 기독교연합신문 시론

을 버리고 겁많은 사람처럼 주님께 길을 묻도록 하자.

그런데 우리가 놓치고 있는 것이 있다. 그것은 바로 "이후에 무엇을 해야 하느냐?"고 묻는 것이다. 앞으로가 따로 있는 것이 아니라 지금 여기가 그 앞인데 말이다. 징검다리를 건너듯 이 아픔과 지난한 삶의 여정을 건너 피하고 싶지만 건너뛸 수 없는 것이 우리네 인생이고 역사인데 말이다.

〈지금이 중요하다〉 "과거에는 아무 일도 일어나지 않았다. 모든 일은 지금 이 순간 벌어지고 있다. 미래에도 아무 일도 일어나지 않을 것이다. 모든 일은 지금 이 순간 벌어지고 있다."

-에크하르트 톨레(Eckhart Tolle) 의 [이 순간의 나] 중에서-

'코로나19'가 잠잠해지면 우리는 무엇인가를 하려고 준비하지만 그 잦아드는 시기와 모습은 우리가 염두에 두는 그러한 모습으로 나타나지 않을 것이다. 두부모처럼 반듯한 모양으로 나타나지 않고 시작인지 끝인지 도무지 모르게 다가오고 또한 변형되어 지나갈 것이다. 세상사가 다 그렇지 않던가? 몸이 아프다가 나아가는 것도, 도로에서 자동차가 정체되어 밀리다가 어느 순간 뚫리는 과정도, 말씀을 듣고 보다가 깨닫는 과정 또한 그러하다. 우리는 앞과 뒤, 시작과 끝, 문제와 대안이 뒤섞여 있는 현실을 살고 있다. 믿는 사람들이 천국을 사모하며 그리워하지만 정작 이곳에서 천국의 삶을 살지 못한다면 천국의 의미는 퇴색되고 말 것이다.

〈지금, 여기〉 "네가 꿈을 꾸지 않는 한, 꿈은 절대 시작되지 않는단다. 언제나 출발은 바로 '지금, 여기'야. 때가 무르익으면, 그럴 수 있는 조건이 갖춰지면, 하고 미루다 보면, 어느새 현실에 파묻혀 소망을 잃어버리지. 그러므로 무언가 '되기(be)' 위해서는 반드시 지금 이 순간 무언가를 '해야(do)'만 해."
　　　　　　　-스튜어트 에이버리 골드의 [Ping] 중에서-

미래학자인 최윤식목사는 말한다. 지난 시간 교회성장이 목표가 되었던 적이 있는데 이제는 "성공이 아니라 행복을 그 목표로 삼아야 한다"고! 양적인 수치로 정한 성공의 기대치인 미래를 향하여 달려온 것이 지난 날이었다면 이제는 구체적인 삶의 자리에서 오늘의 행복을 느끼며 살아야 한다고 강조한다. 지금 여기서 행복하지 않다면 미래의 성공은 의미가 없다는 것이다. 앞으로의 성공이 아니라 지금 여기에서의 행복 느낌과 행복 누림이 중요하다는 것이다.

이번 `코로나19`가 터지자 <사피엔스>의 저자인 예루살렘 히브리대학의 유발 하라리교수는 질문을 던진다. "분열의 길을 걸을 것인가, 글로벌 연대의 길을 택할 것인가?", "코로나 사태 속에서 진정으로 자국민을 보호하기 위해선 외국과 협력해야 한다. 국가간 정보를 공유하고, 상호 신뢰하는 국제적 연대가 우선적으로 필요하다. 지금 인류에게 가장 큰 위협은 바이러스 자체라기보다는 욕심이나 무지, 미움 같은 내면의 적이다. 연대하고, 욕심 대신 너그럽게 노력하고, 음모론 대신 과학을 믿는다면 이 전염병을 쉽게 넘어설 수 있다."

우리 교회가 우리 사회와 더 높은 담을 쌓으며 각자도생의 길만을 고집하거나, 기존의 예배 회복과 교회 운영에만 천착해서도 안된다. 국제관계에서도 나라와 나라 간의 봉쇄조치와 한일 간, 미중 간의 패권경쟁 등으로는 `코로나19`를 극복하기 어렵다. 나만 또는 우리만 살기 위해 연대와 협력을 버리고 고립과 배제를 선택하면 모두가 죽음의 길로 가게 된다. 지금 여기에 주어진 조건을 겸허히 받아들이자. 잠시 놓치고 있었던 일상의 작은 행복을 느끼면서 진정한 예배를 사모한 사마리아 여인을 찾으신 주님의 마음으로 새롭게 출발하자. 바로 그때 길은 열릴 것이다.

이웃 사랑으로
완성되는 하나님 사랑

인도에 아름다운 왕비가 결혼한 지 1년 만에 그만 병으로 세상을 떠났다. 왕비를 잃은 왕은 매우 슬퍼하며 무덤을 정성껏 만들어 부인을 기렸지만, 그것으로 부족한 느낌이었다. 그래서 무덤의 동쪽에 자신을 상징하는 젊은 용사의 동상을 세웠고, 얼마 후에는 서쪽에 왕가를 상징하는 호랑이 동상을 세웠다. 세월이 흐르면서 왕은 또 마음이 허전해졌다. 그래서 무덤의 남쪽에 부인이 좋아할 호화로운 별장을 지었

---

1   20210503 기독교연합신문 시론

다. 얼마 후 왕은 비어 보이는 북쪽에 자신의 권력을 상징하는 웅장한 성을 축조하였다. 그 후 시간이 날 때마다 왕비의 무덤을 바라보며 흐뭇해했다. 그러나 얼마의 시간이 지난 뒤 왕비 무덤 주변을 거닐던 왕의 눈에 거슬리는 것이 눈에 띄었다. 그것은 다름 아닌 부인의 무덤이었다. 동상과 별장 주변 분위기를 가라앉게 만들고 있었기 때문이다. 그래서 심기가 불편해진 왕은 명령을 내렸다. "당장 무덤을 파내라."

인도의 민화를 각색한 H.G. 웰스(Herbert George Wells, 1866-1946)의 단편소설 『무덤』의 줄거리다. 부인의 사랑으로 무덤 조성부터 시작된 일이었는데 결국엔 주변의 크고 아름다운 것들에 밀려 본질인 무덤을 파내는 어처구니없는 일을 자행하는 사람들의 어리석음을 지적하고 있는 작품이다.

불청객인 코로나19는 갑작스러운 소나기처럼 찾아와 대면할 수 없는 관계를 만들어 우리의 일상인 가정과 직장, 신앙과 가치, 공공활동의 모든 행태를 뒤흔들어 놓았다. 방역지침은 우리 생활의 최우선 순위가 되어 우리가 그토록 소중히 여겨 온 예배와 교회 생활을 매우 위축시켰다. 결국 교회는 비대면의 목회방안을 모색하여 전화나 문자 등 각종 SNS 수단들을 통한 목회 사역을 개발하게 되었다. 대면할 수 없는 상황 속에 예배의 유튜브 중계와 줌 회의, 다자간 통화 등 다양한 신앙 콘텐츠가 제공되었다. 이것도 기본적인 조건이 되는 곳에서나 가능했고, 상가 월세나 생활비를 걱정해야 하는 작은 교회는 엄두도 못 내는 현실이다.

아메리카 인디언들은 말을 타고 달리다가도 가끔 멈추어 선다고 한다. 자기 영혼이 따라오는지를 확인하기 위해서다. 코로나19로 지쳐있는 우리는 타의에 의해 멈추어 서게 된 오늘 매우 진지하게 묻고 돌아봐야 한다. 우리가 달려온 목표와 성과가 주님이 원하신 복음의 본질에 부합한 것이었는지, 우리들의 경쟁적 열정이 주님의 기쁨이 되었는지를 말이다.

예루살렘 성전에만 하나님이 계신다고 믿었던 유대인들이 예루살렘 성전 제사가 불가능한 바벨론에서도 하나님을 만났던 경험은 엄청난 발상의 전환을 가져오게 하였다. 공간의 제약 속에 유대인들은 시간이라는 안식일을 찾아내게 되었고, 공간뿐 아니라 시간까지도 주관하시며, 전쟁 패배의 암울한 자괴감 속에 창조주 하나님을 발견하기에 이르렀던 것이다.

코로나19의 위기 속에 다양한 신학자들과 목회자들은 코로나19에 담긴 함의를 교회에서 가정으로, 교회중심의 신앙생활에서 생활중심의 신앙이라는데 동의하는 것 같다. 코로나로 멈추어 선 이 시기에 하나님은 살아 역사하시지만 살아계신 하나님을 증거하고 증언할 사람들이 사라졌다는 뼈아픈 진단을 공감해야 할 지점이 되었다. 사회가 교회를 향하여 염려하고 비난하는 것은 이 시대를 같이 살아가는 교회와 교인들의 삶 속에서 하나님을 발견하기 어렵다는 항변이 아니고 무엇이겠는가? 하나님을 말로만 아니라 공감과 긍휼이라는 몸의 언어인 삶 그 자체로 전도해야 한다. 우리 주님이 보여주신 대로 하나님이 사람으로 내려오고 작아지고 낮아지신 것같이 하나님 사랑은 이웃사랑을 통해서만 드러내지는 하늘의 신비이다. 우리의 이웃이 사라진 하나님 사랑은 존재하지 않는다. 교회가 이웃을 위하여 존재할 때 선교적 의미가 있다.

"하나님은 우리와 함께, 우리는 이웃과 함께"라는 표어는 이 시대 절절한 말씀이다.

코로나와 불볕더위를
이겨내는 관심[1]

    코로나로 인해 대면하는 사회생활을 반납하며 답답하고 지루하게 지낸 지 오래다. 하지만 상황은 악화되어 방역단계가 4단계로 격상되었다. 설상가상 찜통더위로 온 나라가 몸살을 앓고 있다. 우리 선조들은 '재앙은 홀로 다니지 않는다'는 뜻의 화불단행(禍不單行)의 안목을 가졌다.

    방역 현장이라고 불볕더위가 피해 가는 건 결코 아니다. 체감온도가 40도에 육박하는 불볕더위에 선별진료소 등 코

---

1   20210805 가스펠투데이 디아코니아 원고

로나 일선에서 일하는 의료진들의 고충이 심해지고 있다. 한 간호사는 "감염 위험에 냉방기를 약하게 틀어놓고 일하면, 가만히 있어도 땀이 줄줄 나고 아이스팩을 방호복 안에 붙여도 얼마 지나지 않아 다 녹아버린다. 최근 폭염 경보가 내려졌을 때 일하느라 열사병에 걸릴 뻔 했다"며 근무 환경의 고충을 전해준다. 많은 의료진과 관련 공무원들이 코로나의 극복을 위해 불철주야 수고하고 있음에 감사한 마음뿐이다.

이러한 가마솥더위로 고통을 겪는 이들은 취약계층 주민들이다. 서울에만 동자동, 돈의동 등 쪽방촌에 거주하는 사람이 3000명이 넘는다. 요즘같이 밤낮으로 찜통더위가 계속되면 단열이나 환기가 제대로 되지 않는 쪽방은 그야말로 숨이 턱턱 막힌다. 그나마 겨울이면 연탄, 침낭, 방한복 등 겨울나기 물품들이 쪽방촌 주민에게 전달되지만, 여름에는 후원이 뚝 끊긴다.

고령자와 독거노인, 야외노동자, 심장질환자는 폭염에 더욱 취약할 수 있다. 질병관리본부 자료에 의하면 기후변화에 대한 적응력이 상대적으로 떨어진 노인들에게서 뇌졸중(중풍), 협심증 등 심장·혈관질환과 함께 열사병이 많이 늘어남을 알 수 있다. 열대야와 무더위가 심장질환의 위험 요소가 되고 실제 기온이 32도 이상이면 뇌졸중은 66%, 협심증 등 관상동맥질환은 20% 가량 늘어난다는 보고도 있다. 한낮에는 야외활동을 자제하고 실내에서는 통풍이 잘되도록 환기시키는 등 불볕더위로 인한 피해를 입지 않도록 대비해야 한다. 그러나 어떤 특단의 불볕더위 대처법보다 하루하루 죽음과 싸우듯 여름나기를 하는 가난한 이웃을 직접 찾아가 돕는 게 최선책이다.

코로나와 불볕더위로 지친 우리 역시 주변을 돌아볼 여유가 없는 것이 현실일 것이다. 비대면 예배로 말미암아 교인들의 활동 또한 자유롭지 못한 오늘이지만 코로나와 불볕더위의 강도를 만난 이웃을 향한 관심은 지속되어야 할 것이다. 방역에 몸도 마음도 지친 의료진들에게 지지를 보내는 위로의 편지와 간식을, 쩔쩔 끓는 가마솥 쪽방촌 주민들에게 도시락과 여름용품을, 오늘날 산업화의 일등공신 노인들의 안부와 여름용품 제공 등이 우리 교회의 관심과 사랑 표현이 되기를 소망한다. 우리 교회의 형편 또한 좋지 않지만 먼저 교회 주변의 약한 이웃들에게 관심 두고 찾아가는 것은 의미 있는 착한 행실이요 하늘 아버지의 기쁨이며 교회의 유익이 될 것이다.

장기적 코로나시대
유기적 교회론[1]

　금년 1월 코로나가 뉴스의 앞머리를 장식할 때만 해도 봄
철만 지나면, 혹은 여름철인 상반기만 지나면 되는 줄 알았
다. 우리 교계에서 자주 인용해 온 다 때가 있으니 조금만
더 기다리자는 '이 또한 지나가리라'를 되뇌며 인내의 한계
를 늘리려고 애를 써 왔다. 교회의 최대명절인 성탄절이 다
가오지만 코로나라는 전대미문의 전염병의 기세는 꺾이지
않고 연말의 동장군 앞에서 오히려 확산의 여세를 떨치고

1　20201207 기독교연합신문 시론

있는 실정이다. 이 글을 쓰고 있는 가운데 정부가 '코로나19' 확산세를 막기 위해 8일부터 3주간 수도권과 비수도권 지역의 사회적 거리두기 단계를 각각 2.5단계, 2단계로 일제히 상향 조정하는 발표가 있었다. 2.5단계로 격상되면 비대면 예배만이 허용되고, 온라인 예배 현장에 함께 할 수 있는 인원도 전체 좌석 수의 20%에서 20명 이내로 대폭 줄여야 하는 상황이 되어 버린 것이다.

코로나로 대한민국은 물론이고 온 세계가 '셧다운'됐다. 여러 사람이 모이는 모든 활동을 제한하고 있다. 사회활동이 제약되면서 경제는 엉망진창이 되어 버렸다. 이렇게 코로나는 경제는 물론이고 사회, 문화, 종교적인 활동을 제약해 왔는데 이제부터는 그 단계가 상향조정되니 더더욱 위축될 수밖에 없게 되었다. 교회에서 그토록 소중히 여겨온 예배를 성탄절에는 자유롭게 드릴 수 없게 되니 교회연합기관인 한교총은 이의를 제기한 것으로 보인다.

코로나의 장기화로 상가교회가 직격탄을 맞으면서 어쩔 수 없이 공론화되기 시작한 예배처소 공유제 역시 코로나의 자취다. 김포명성교회를 중심으로 예배처소를 시간제로 나누어 쓰는 일이 확산되어 15교회나 되었고, 장로교단의 한 노회는 예배처소공유제를 본격적으로 총회에서 논의해 달라는 헌의를 하기도 하였다. 상가교회 임대료 문제가 구체화되면서 봇물 터지듯 나온 공유공간으로서의 예배당 문제는 교단을 넘어서는 다양한 현안이 되었다.

미자립교회가 7-80%나 되는 한국교회 상황에서 한국개신교 목사들의 생존과 존립 자체가 위험수위를 넘어섰다. 지난 11월 8일 성직자로서 수입의 한계가 분명한 현실 가운데 목회자의 이중직에 대한 논의들이 진행되는 가운데 '이중직목회자연대'가 창립되었다. 전통적인 직업개념이 몰락하고 다중직, 다중역할사회로 변화하는 것에 발맞추어 '이중직목회'를 시대와 소통하는 선교, 목회적 대안으로 제안하며 나선 것이다.

코로나의 장기화로 교회에 닥친 문제가 위에 적은대로 심상치 않은 형국이지만 우리의 아픔을 풀어나가는 방식은 조금 달라야 한다. 어느 교단이 1,135개의 교회를 조사한 바에 의하면 68,8%의 교회의 헌금이 줄어든 것으로 나타났다. 적자재정의 현실은 교회내 인력 감축으로 부교역자들이 교회를 떠나고 있으며, 지원해 오던 선교 및 봉사 단체에 대한 지원축소와 단절로 나타나고 있다. 수입이 줄어들었으니 지출을 줄이는 것은 당연한 조치이겠으나 그 과정과 방식은 달라야 한다. 우리가 강조 해온 유기적 교회론은 이론이 아니라 우리의 공동체적 신앙고백이다. 교회는 건물이기 이전에 사람이고, 교회는 조직이기 이전에 생명의 공동체이기 때문이다. 교회가 주님 주신 사명을 제대로 감당하기 위해서는 제도나 조직 중심이 아니라, 각자의 은사에 따른 기능과 섬김을 중심으로 작동되어야 한다. 우리 교회에 나타난 어려움을 일방적으로 통보하는 성급함보다는 우리의 선교 파트너로 어떻게 하면 좋겠는지 지혜를 모으는 방식이 좋을 것으로 보여진다. 기업이 구조조정을 일방적으로 시행하여 해고되는 노동자의 문제가 사회의 큰 과제로 남는 방식보다는 우리는 한 몸이니 어떻게 고통분담을 해야하는지를 주님께 진심으로 묻고 당사자와 진지하게 모색해 가면 좋겠다.

'코로나19' 반성문

　사랑제일교회발 코로나 감염의 파장이 나날이 커지면서 정부와 관계부처는 물론이고 많은 국민들은 재확산의 염려로 불안해 하는 가운데 한 단체가 지난 8월 20일 서울 중구 세종문화회관 앞에서 '절멸-질병X 시대, 동물들의 시국선언' 퍼포먼스를 열었다. 이들은 선언에서 "유엔 보고서에 따르면 '코로나19'뿐만 아니라 새로 창궐하는 모든 전염병의 75%, 이미 알려진 전염병의 60%가 동물에서 유래했다"며 "앞으로 도래할 미지의 '질병X'도 인수공통감염병일 가능성이 높다"고 경고했다. 30여 명의 동물권 운동가·예술가 등

이 동물의 모습으로 분장하고 한 사람씩 동물의 포효를 전하고 죽는 '절멸 선언' 퍼포먼스였다. 인간과 자연(동물)의 관계를 재정립하고 탈성장, 탈육식이 이뤄지지 않으면 인간과 동물 모두 공멸한다는 위기감을 온몸으로 표현한 행사였다.

코로나19 바이러스는 박쥐에서 기인해 중간 숙주 동물을 거쳐 인간에게 '스필오버' 했다는 설명이 어느 정도 정설로 받아들여지고 있는 가운데 인간을 향한 경고와 분노가 이어졌다. "당신들은 우리 피난처까지 쫓아와 숲을 불태우고 약탈하다가 바이러스에 걸렸다", "(코로나19 팬데믹을 선언한 지금이 아닌) 1760년부터 당신들이 팬데믹!", "당신들(인간)이 멈추지 않는다면 우리는 서로가 서로를 잃어갈 것"이라며 생태적 회심을 강권하였다.

전쟁과 보릿고개를 넘어 잘살아보기를 염원했던 우리는 경제개발과 경제성장이 우리 모두의 희망이요 염원이었다. 그래서 난개발도 서슴치 않으며 마천루와 같은 아파트를 건축해 왔다.

사통팔달의 도로를 닦았고, 자동차를 생산해 냈다. 그리고 지난날의 눈물과 땀을 닦으며 세계 10위 경제대국의 여유를 즐기기도 전에 난데없는 전염병의 공격을 받아 휘청거리고 있다. <이 또한 지나가리라>고 자기최면을 걸어보며 기도하지만 끝이 보이지 않는다. 혹자는 <포스트 코로나>에서 <위드 코로나>로 단어를 아니 시각을 바꾸어야 하는 것이 아닌가 하는 어두운 전망을 하기도 한다.

'코로나19' 감염의 재확산으로 뒤숭숭한 분위기 가운데 한 기독교인이 지난 8월 18일 청와대 국민청원 홈페이지에 올린 '사과 청원'은 많은 생각을 하게 만들었다. 청원인은 <국민들께 죄송합니다. 저는 기독교인입니다>라는 청원 글을 통해 "행정 당국이 애쓰고 있음에도 불구하고, 이번에 벌어진 모든 일에 대해 한 사람의 기독교인으로 사과드린다."며 "물론 누군가는 사이비 집단, 정치에 물든 광신도이지 그들은 기독교가 아니라고 말할 것이다. 그러나 그렇다 하더라도, 저 괴물을 만들고 탄생시킨 모체는 다름 아닌 기독교라고 생각한다."면서 "기독교인의 한 사람으로 모든 국민들께 죄송하다."며 그 책임을 통감하는 청원인은 "구차한 변명은 하고 싶지 않다."며 "죄송하고 또 죄송합니다."로 미안함을 에둘러 표현하는 방식으로 글은 마무리된다. 청원인이 누군지 몰라도 같은 교회 구성원으로 공감하면서 많이 부끄러웠다.

지난 2월 신천지발 감염으로 대구와 경북에서 연일 확진자가 늘어날 때 신천지는 사이비 집단으로 반기독교적, 반사회적이라는 낙인과 함께 하나님의 이른 심판으로 해석하며 위안을 삼기도 했다. 이번에도 그랬다. 정치계와 연대한 권력지향적인 돌출형 지도자가 한국 기독교의 대표라며 뉴스의 전면에 부각될 때 이들과 거리두기를 시도하였다. 관련된 연합단체는 유효기간이 끝났다고, 그는 우리 교단도 아니라며 자위해 왔다. 나 또는 우리와는 거리가 있는 잘못된 사람들의 행태에 지나지 않는다며 애써 선을 그었다. 그러나 신천지와 정치 광신도라는 괴물을 탄생시킨 모체로서의 기독교와 교회의 한 일원이었음을 반성하진 못했다.

창조세계를 보전하는 생태적 회심의 삶을 살지 못했고, 이 지난하고도 불안한 코로나와의 동거속에 "사회적 책무"임을 자각하지 못한 "직무유기 교인"으로 지내왔음을 부끄럽게 고백하며 우리 교회와 우리 사회에 반성문을 제출하는 바이다. 그저 죄송하고 죄송한 마음으로!

코로나의 사회학
: 감동적인 이웃사랑 확산[1]

마스크가 사회적 현주소의 기준이 되었다. 누군가는 보건용 마스크를, 다른 누군가는 산업용 마스크를, 다른 누군가는 덴탈마스크를, 또 다른 누군가는 면마스크를 쓰고 다닌다. 아예 마스크를 살 수 없는 아이들과 독거노인들은 마스크 없이 지내기도 한다. '등록되지 않은 사람들'에게 코로나는 더욱 가혹하다. 미등록 이주노동자 등에겐 마스크 살 자격(주민등록번호나 외국인등록번호가 확인돼야 가능)도 주어지지 않았다.

---

1   20200323 기독교연합신문 시론

바이러스가 자격을 따져 침투하진 않았지만 바이러스를 방어할 마스크는 자격이 있어야만 구할 수 있다. 공적마스크라지만 수 많은 이주민들을 차별하고 배제하고 있으니 과연 공적인가라고 사회적으로 묻게 된다. '마스크 없는 사람'으로 살아가자면 공격적인 시선들을 감수해야 한다. 건강보험의 보장이 되지 못하는 이들은 치료비가 없어 아프면 안 된다. 이렇게 눈에 보이지 않는 바이러스는 평소 눈에 보이지 않던 가난한 사람들을 재난의 맨 앞자리에 보이게 하여 가난이 코로나에 더 치명적임을 여실히 드러내주고 있다.

부모가 집에 머물며 돌볼 형편이 못 되는 아이들에게는 '사회적 거리두기'보다 다급한 것은 혼자 두지 않는 보살핌이다. 일을 쉬어야 바이러스를 피할 수 있지만 가난한 사람들은 일을 쉴 수 없었고 바이러스는 누구보다 열심히 일하는 가난한 이들을 고려하거나 배려하지 않고 거침없이 내몰고 있다. 이윤만을 목적으로 하는 천민자본주의는 가난한 노동을 밀집시켰고, 가난은 노동의 '거리두기'를 허락하지 않고 있는 것이다.

남아프리카공화국의 작가 하인 머레이는 "재난은 사람을 차별하지 않는다는 영원한 허상을 버려라. 그리고 재난은 모든 걸 '사회적으로 평등하게' 쓸어간다는 생각도 버려라. 전염병은 쫓겨나서 위험 속에서 생계를 꾸려야 하는 사람들을 집중 공격한다."고 가난한 사람을 차별하는 현실을 지적하였다. 코로나 19는 약자에게 더 없이 가혹했고, 감염 공포는 약자를 향한 차별로 확대재생산해 냈다. 바이러스 감염이 국적과 지위를 초월한다고는 하나, 피해의 영향력은 그 누구보다 가난한 이들과 소외된 곳들에서 이렇게 더욱 더 치명적이다.

뉴욕 대학의 사회학자 에릭 클린버그는 <뉴욕타임즈>에 기고한 글에서 "우리 개인의 신변 안전보다 더 신경을 써야 할 것이 바로 사회적 연대"라고 말했다. 옆집 사는 연장자의 문을 두드리고, 친구와 사랑하는 이들에게 전화를 하고, 집을 떠날 수 없는 사람들에게 음식을 배달해 주는 자원봉사를 해야 할 필요성에 대해 언급한 것이다"라고 그는 주장한다.

재난의 현장에서 우리 사회 우리 교회는 제정신을 차리기 어려운 실정임이 분명하다. 그럼에도 이러한 암울하고 답답한 상황에서 우리 교회 우리 교인들만이 아니라 우리 사회가 회복해야 할 소중한 과제들을 찾아 보는 것이 절실해 보이는데 그것은 바로 우리의 형제애를 다시한번 표출하는 감동의 스토리를 만들어 보기를 제안해 본다.

지난 19일 울산의 한 아파트 엘리베이터 안에 "이웃분들 손소독제 가져가세요. 이 손소독제 안에는 우리가족의 사랑이 있답니다. 다음에는 용돈을 모아 더 많이 만들께요" 13층에 사는 희연이(5학년)와 동생 희진(1학년)양 가족이 만든 24개의 소독제는 불과 몇 시간 만에 소진됐고 빈 바구니에는 사탕과 초콜릿, 음료수 등의 간식으로 채워졌다. 이어진 답글에는 '고마워요. 13층의 천사님', '감사해요. 건강 잘 챙기세요', '예쁜 마음 고마워요' 등의 답글들이 적혀있었다. 17층에 산다는 한 여성은 "4월에 결혼하기로 했다가 코로나 때문에 미뤄져 힘들었는데 희연이 덕분에 많은 힘이 됐다"며 고마운 마음을 표했다.

사회적 거리두기에 교회의 감동적 실천이 가난한 이웃을 향해 확산되어 코로나의 흉흉함을 몰아내고 주님의 따스한 봄바람 되어 삼천리 방방곡곡으로 퍼지기를 간절히 소망해 본다.

지역교회와 함께한
신종코로나 예방캠페인[1]

　유행성 질환 신종 코로나바이러스로 우리나라는 물론 온세계가 비상이다. 2019년 12월 중국 우한시에서 발생한 바이러스성 호흡기 질환으로 '코로나19' 라고 명명하기로 한 재난이다. 이 글을 쓰는데 조금 전 중앙방역대책본부는 29번째 감염자가 발생했다고 보도를 하는 것을 보면 아직도 진행중이다. 이러한 재해와 위기에 교회는 어떻게 대처하고 해야 할 책무가 있다면 무엇일까 고민해 보았다. 이

1　20200217 가스펠투데이 디아코니아 원고

사야는 위로자로 바울은 우는 자들과 함께 울라는 사명을 주고 있지 않은가?

먼저 떠오른 지역이 아산과 진천이었는데 이곳에는 우한교민들이 격리되어 있는 지역이기도 하여 주민들의 불안함이 더 큰 지역들이다. 현장에서 교민들의 격리생활을 돕고 있는 관계자는 인근지역 주민들에게 나누어 줄 마스크의 절대량이 부족하다는 하소연이었다. 부랴부랴 마스크의 구매를 위해 시장조사에 나섰는데 가격은 천정부지로 치솟아 있었는데 그나마도 다량의 마스크 확보는 용이하지 않았다. 이러한 시장조사와 더불어 두 지역의 교회들과 접촉에 들어갔다. 그리고 마스크 나눔 행사를 준비하게 되었다.

지역교회들은 이 재난 앞에 어떻게 해야할지 처음에는 소극적이었다. 전화소통으로 부족하여 현장을 찾아갔다. 그리고 같이 기도하며 지혜를 모았다. 큰 위기인 것은 분명한데 이 재난 앞에 우리교회가 해야 할 작은 역할이라도 함께 해보자는데 의기투합하였다. 충청노회 진천시찰에 속한 16개 교회가 예방캠페인에 동참하기로 한 것이다. 우선 시찰회 모임을 갖는 날 기도회로 모이기로 하고 기도순

서자들을 정했다. 그리고 16개교회 예배당 밖에 현수막을 걸기로 하고, 질병관리본부가 제공하는 예방 수칙에 각 교회 이름을 삽입하는 전단지를 제작하고, 의료기관에서 하는 문진표를 각색하여 질문지를 만들어 주민들의 해외여행 또는 기침과 발열 상태를 확인하는 질문지는 모아 진천군에 제공하기로 하였다. 아예 교회봉사단을 조직하여 지역주민 만나는 날을 교회의 형편에 맞게 어느 한 날을 정하여 우선 한달간 운영해 가기로 하였다. 교회 입구에는 손세정제를 준비해 드나드는 분들의 위생을 챙기기로 하였다. 마스크 등 행사에 소요되는 경비는 명성교회가 부담하기로 하였다.

국가적인 재난 앞에 교회가 해볼 수 있고 해야 할 작은 역할에 대한 지혜와 방법을 찾아 진천군과도 MOU를 맺어, 교회의 일방적인 선포식 대신 진정성과 지속성을 담은 캠페인을 벌이기로 한 것이다. 능동적인 자세로 국가적 방역에 일조하되 지역주민의 불안감을 해소하고 나아가 환자와 우한교민에 대한 혐오와 배제를 극복하는 섬김과 돌봄사역은 온전히 지역교회의 성과와 업적으로 남을 것으로 확신한다. 이와 유사한 위기에 대응하는 좋은 사례를

지역교회로 더불어 만들게 되었다고 자평한다. 함께 동역
하게 된 진천시찰회 경내 교회에게 마음담은 감사를 지면
을 통해 전하며 하나님 역시 기뻐하실 것으로 확신한다.

제3부

생태적 회심과 사회적 돌봄

누구를 추모함이며
무엇을 위로함일까?

    10월 29일의 참사로 사회는 애도의 분위기로 교회는 위로의 분위기로 변했다. 피해현장 곳곳에 스며있는 라마의 통곡 소리와 라헬의 애곡 소리가 귓전에 들리는 것 같다. 어쩌다 이런 엄청난 일이 대한민국의 서울 한복판에서 일어나게 되었을까? 참사는 안전불감증의 우리 모두를 향한 천둥소리였는데 그 이후도 달라진 것 없이 여전히 네 탓 공방만을 재생산해 내는 것 같아 답답하고 속상하다.

---

1   20221124 가스펠투데이 칼럼

참사 이후 한국교회는 몇 차례 기도회와 위로 행사를 가졌다. 지난 4일 기장총회는 서울시청광장에서 추모기도회를 했다. 5일 한교총과 한교봉은 백석대학교 서울캠퍼스 하은홀에서, 16일 한교총과 총무협은 여의도순복음교회에서 각각 위로와 회복 예배를 드렸다. 그 외에도 추모의 자리와 위로의 기도회는 계속 이어졌다. 이사야가 외쳤던 "백성의 위로자"(사 40:1)와 바울이 부탁했던 "우는 자들과 함께 울라"(롬 12:15)는 말씀을 구현하고자 함이었을 것이다.

그런데 여기서 되물어봐야 할 것이 있다. '누구를 추모함이며 무엇을 위로함일까?' 10.29 참사의 사망자 명단이 공개되었을 때 당사자의 동의가 있었는지가 쟁점이 되었다. 참사 희생자 유가족 및 부상자 가족과 더불어 진지하고도 진솔한 접촉이 있었는지 묻고 싶다. 합동분향소 설치, 국민 애도 기간 지정, 참사와 사고, 그리고 희생자와 사망자의 용어 선택 등에 이르기까지 말이다. 또한, 우리 교회는 위로 예배와 기도회를 준비하면서 희생자의 유가족 및 부상자 가족과 어떤 소통이 있었는지를 말이다. 지난 22일 공식적으로 나선 유가족은 관계자들로부터 단 한 차례의 전화도 받은 일이 없었다고 질타하고 있다.

추모기도회, 위로와 회복 예배가 무용한 것은 아니겠으나 당사자가 동의하고 당사자가 참석하지 않은 행사가 필요했는지 반추해봐야 한다. 희생자 명단공개가 당사자 동의가 없으면 안 되듯 추모와 위로 행사에 피해당사자는 항상 중심에 있어야 한다. 희생자 명단공개로 정치세력화를 염려하는 만큼, 희생자들이 억울한 죽음과 역사의 기억에서 사라지지 않도록 회복장치를 교회는 준비해야 할 것이다.

우리 교회는 먼저 핼러윈 축제과 이태원 현장에 대한 정죄를 거두어야 한다. 아들딸을 먼저 보낸 당사자들이 교회에 와서 마음껏 울고 아픔을 토로할 수 있도록 적합한 환경을 조성해 자리를 만들고 기다려야 한다. 어설픈 위로와 치유를 설교하기보다 아무런 전제 없이 공감과 한없는 인내로 함께 해야 한다. 그리고 그분들이 필요로 하는 궂은 일들을 곁에서 거들고 도와야 한다. 그분들이 목마르면 물이 되고, 기대어 울 어깨가 필요하면 어깨가 되고, 흐르는 눈물을 닦기 위한 손수건이 되고, 옹호와 대변에 인색하지 말아야 한다. 유가족이 요청하는 대로 마음껏 애도할 수 있도록 기억의 공간을 제공하고 하루빨리 진상이 규명되어 이제는 억울한 마음이 들지 않도록 교회는 당사자 편이 되어야 할 것이다.

슬픈 이태원
억울한 유가족을 주님께!

가까운 지인이 의아해하며 묻는다. 아직도 이태원 참사 해결이 안되었느냐고? 이태원 해밀턴 호텔 옆 경사진 좁은 골목길. 2022년 10월 29일 159명의 꽃다운 청춘이 우리 곁을 떠난 슬픈 현장. 메기의 추억, 그 슬픈 노래 사연의 이야기가 유래된 곳도 바로 해밀턴이란 마을이었는데....G8 반열의 대한민국 수도 한복판 골목길에 엄청난 참사가 재앙으로 다가왔다. "사고가 아니라 재앙이다. 재앙!" 슬픔을 가눌 길 없어

---

1   20220629 기독공보 논설위원 칼럼

한동안 사고 현장을 오르내렸다. 이해할 수 없었다. 그날 밤만 이해되지 않는 것이 아니라 159일이 지나고 반년이 지나도 여전히 풀리지 않은 채 길이 보이질 않는다.

안타까움과 답답함 속에 무엇인가 하지 않으면 직무유기 같아 용산구 교구 협의회 목회자들과 총회 관련 부서 관계자들, 그리고 이태원 경내 교단 목사님들을 만나 지혜를 구했다. 다행히 총회장님의 관심과 성원으로 총회 자문위원회 성격의 '1029참사 회복지원위원회'가 구성되었다. 그리고 이태원 한남제일교회 교육관 2층의 30여평에 유가족 쉼터가 조성되었다. 또한 녹사평 분향소에 나오는 유가족들의 식사 제공 및 지방에서 오는 유가족들에게 총회회관을 숙소로 사용하도록 하였다. 총회 전달체계는 사회봉사부가 맡아 행정지원을 정성껏 해주고 있다. 이태원 녹사평역에서 서울시청 앞으로 분향소가 옮겨지면서도 이 일은 지속되었다. 우리 총회는 사순절의 끝자락 성금요일 오후에 시청앞 분향소 앞에서 위로 기도회를 개최했다. 고달픈 유가족 곁에 늘 함께 하겠다는 총회장님 메시지는 유가족들에게 위로가 되었고, 목에 두르는 유가족 표식으로 자리잡은 하절기 스카프를 유가족 대표에게 선물로 매주는 장면에서는 주님의 손길같은 따뜻함을 느꼈다. '소금의 집'에서도 분향소 현장과 유가족 상담에 사역자를 파견하고 필요한 부분을 총회와 분담하며 동역하고 있다. 매주 한 번 유가족들과 식사 하면서 이태원의 필요를 채우는 까마귀로 자부하며 통합목사님(?)이라는 이름으로 기억되고 있다. 이런 훈훈한 소식 이면에 유가족들의 하루하루는 너무 지치고 고달프다. 먹고 자고 씻는 일상의 거리 생활은 불편한 게 한 두 가지가 아니지만 잊혀져 가는 것은 더 두렵다.

이태원 참사의 진상을 조사할 특별법 제정에 국회를 설득할 국민동의를 위해 5만명의 서명이 필요했다. 3월말부터 4월초까지 많은 국민들의 서명과 홍보를 위해 서울, 인천을 시작으로 '10.29 이태원 참사 진실버스 전국순례' 여정을 진행하였다. 청주, 전주, 정읍, 광주, 창원, 부산, 진주, 제주, 대구, 대전, 수원 등 13개 도시 방문 및 토론, 행진으로 서명을 받았다. 마침내 4월 20일 '10·29 이태원 참사 피해자 권리보장과 진상규명 및 재발 방지를 위한 특별법'이 183명 야당 의원들 중심으로 발의됐다. 그러나 여당인 국민의힘에선 이태원 특별법을 '정쟁 목적의 법안', '과잉 입법'이라고 비난하고 있어 특별법 제정은 아직 갈길이 멀다. 참사 200일이 지나면서 초조해진 유가족들은 이태원 참사 진상규명 특별법 제정의 당위성과 빠른 진행을 위해 서울시청 분향소로부터 국회까지 6월 내내 걷기로 했다. 서울광장 분향소에서 국회 앞 농성장까지 매일 8.8km씩 159km 행진을 위해 오늘도 지친 몸을 안고 출발한다.

159명 유가족들이 모든 생업을 포기한 채 가슴 절절히 절규하는 내용이 무엇일까? 그것은 어떻게 10.29 이태원 참사가 서울 한복판에서 일어날 수 있었는지 규명하고, 과정 속 책임소재를 묻고, 재발 방지의 안전법을 제정하자는 것이다. 희생자들의 넋을 기리고, 유가족 위로와 생존자들을 지지하는 진정한 의미의 추모가 되게 해달라는 것이다. 다른 태(異胎)를 가질 수 밖에 없었던 역사적 아픔 속에 다시금 덧입혀진 보석 같은 159명의 희생은 대한민국의 아픔이다. 오늘도 직장이 아니라 시청 앞 분향소의 영정 앞으로 출근하는 유가족들이 조금 더 힘을 내도록 주님께 올려드린다. 슬픈 '異胎院'이 아닌 넓은 배꽃 마을 '梨泰院'으로 이름을 바꾸어 부르고, 희생자를 기억해 내고 함께하기 위해 주님께 중재를 호소하며 중보기도로 힘을 보탠다.

냉장고 문과
할머니 마음 문[1]

네덜란드인들에게 자유와 독립의 아이콘이 된 페테르 루벤스의 '시몬과 페로'라는 작품속에 늙은 노인이 젊은 여인의 젖을 빠는 그림이 있다. 초창기 외설시비에 휘말렸는데 그림 속 남녀는 부녀사이다. 늙은 노인 시몬은 로마제국에 저항하다 붙잡혀 사형선고를 받아 투옥된다. 로마제국은 노인을 체포해 감옥에 넣고, 가장 잔인한 형벌인 죄수를 굶겨 죽이는 아사형(餓死刑)에 처한다. 마침 출산한 지 얼마 되지

---

1   20230610 가스펠투데이 원고

않은 딸 페로가 매일 같이 아버지를 면회하면서 그때마다 간수의 눈을 피해 아버지에게 젖을 물려 생명을 이어갔다. 이 같은 사연을 전해들은 로마제국의 책임자는 딸의 효심에 감동해 결국 시몬을 석방했다고 한다. 작품은 피상적으로 보이는 것만이 진실이 아니라는 교훈을 준다. 진실을 알지 못하면서 단지 눈에 보이는 사실만으로 남을 비난하고, 상대방의 행동과 사물과 현상을 내 마음대로 재단하여 단정지어 버린다. 흔히 사실은 육체의 눈으로 보고, 진실은 정신의 눈으로 본다고 한다.

이 그림을 두고 '포르노'라고 비하하기도 하고, '성화'라고 격찬하기도 한다. '노인과 여인'에 깃든 이야기를 모르는 사람들은 평가를 절하하고 비난을 서슴치 않았다. 그러나 그림 속에 담긴 본질을 알고 나면 눈물을 글썽이며 명화를 감상한다.

오래 전 복지관에 관계하며 밑반찬서비스 사업을 수행할 때 있었던 일이다. 홀로 사는 어르신과 부모 없이 가장으로 살아가는 소년소녀가장 그리고 장애인가정 등에 한 주간 정도 먹을 수 있는 밑반찬을 제공하는 프로그램이었다. 교회가 돌아가며 당번이 되었고 여집사님이 밑반찬을 가지고 홀로 사시는 할머님댁에 다녀온 뒤 무엇인가 할 말이 있어 보여 대화의 자리를 가졌다. 자신이 가져간 반찬은 김치와 단단하지 않은 콩자반과 미역무침이었는데 할머님댁에 도착하여 냉장고를 열어보니 멸치조림과 햄 캔이 있더라는 것이다. 이렇게 여유가 있는 할머님댁에 굳이 그만 못한 밑반찬을 놓고 오려니 미안하기도 했고, 밑반찬 제공 서비스의 대상자 선정이 잘 못된 것 아닌가 싶다는 취지에서 보람이 아니라 의구심이 들었다는 것이다. 이야기를 듣고 보니 어떤 내용인가 감이 잡혀서 이렇게 이야기를 꺼냈다. 아마도 할머님 댁에 배달해 놓은 멸치조림은 치아와 잇몸이 약해진 할머니로서는 드실 수 없었을 것이고, 햄은 부드럽지만 오랫동안 드신 전이나 부침개와 달리 느끼함으로 부담을 주었을 수도 있다. 고생하며 살아오신 할머니로선 배달해온 반찬을 버리기 아까워 아마도 한동안 냉장고에 보관해 오신게 아닐까 싶다고 말이다. 그리고 한마디 첨가하길 "냉장고 문만 열어 보셨네요? 할머니 마음 문은 열어보시지 않고!"

　이러한 섬김사역 아니어도 우리가 살아가면서 내 경험과 지식 그리고 나의 관점에 따라 얼마나 쉽게 예단하고 단죄해 왔던가? 냉장고의 보관된 반찬을 가리키며 이것은 팩트라고 주장해 왔다. 물론 멸치조림과 햄은 객관적으로 존재하며 몇 날이고 몇 주간이고 냉장고에서 그냥 그렇게 방치해 두었을 것이다. 뒤돌아서서 밑반찬서비스 프로그램의 무용론을 이곳저곳에서 당당하게 설파했을 수도 있다. 사람들은 온전한 진실에 이르지 못한 채 단지 눈에 보이는 사실만으로 남을 판단한다. 그러나 사실을 넘어 진실을 알면 관점이 달라진다. 바울은 보이는 것은 잠깐이요 보이지 않는 것은 영원하다고 고백했는데 보이지 않는 본질에 접근하려는 노력과 입장이 절실하다. 냉장고의 보이는 반찬이 아니라 보이지 않는 할머니 마음을 애써 이해해 보려는 관점이 교회가 소중히 간직할 진정한 가치가 아닐까?

주님의 눈물[1]

지난 16일은 세월호 참사가 일어난 지 꼭 1년이 되는 날이었다. 295명의 희생자 가족과 아직 시신도 찾지 못한 9명의 실종자 가족은 우리에게 기억해 달라고, 이 참사의 증인이 되어 달라고 절규하고 있다. '증인(witness)'은 '함께하는 사람'이다. 그 아픔을 기억하고 그들과 함께해야 한다. 귀한 생명이 죽었고 그 가족이 아파하고 있다는 것에 교회가 주목해야 한다.

---

1   2015.04.23.

한국교회에는 '공감 학습'이 필요하다. 상대의 감정을 내 마음대로 추측하는 일을 주의해야 한다. 세월호 가족들이 겪는 고통은 우리가 상상하는 것보다 매우 클 것이다. 따라서 그들에게 교회의 조건 없는 지지와 지원이 필요하다. 도덕적 판단보다 함께하는 것이 절실한 것이다. 함께해야 하는 대상이 어디 세월호 희생자들뿐일까? 상처 입고 상처 주며 살아가는 우리 모두가 지지를 필요로 할것이다.

존 올트버그의 책 '우리는 만나면 힘이 됩니다'에 보면 '고슴도치 딜레마'라는 내용이 나온다. 저자는 고슴도치를 외로운 동물이라고 말한다. 고슴도치는 떼로 다니는 법이 없다. 그러나 고슴도치가 언제나 혼자 있는 것을 좋아하는 것은 아니다. 외로움을 탈 때면 고슴도치는 이웃에게 다가간다. 그러나 북미산 고슴도치는 약 3만개의 가시를 몸에 지니고 있어 이웃들에게 다가서는 순간 너무나 많은 상처를 입히고 다시 멀어질 수밖에 없다. 이것이 바로 고슴도치의 딜레마이자 우리의 딜레마라고 할 수 있다.

성경에는 예수께서 눈물을 흘리시는 모습이 나온다. 나사로를 위해 흘린 그분의 눈물을 본 유대인들은 "보라 그를 얼마나 사랑하셨는가"라고 말했다. 하나님은 우리와 같은 인간이 아니시므로 고통이나 슬픔 같은 것에 전혀 영향을 받지 않으실 것이라는 생각을 뒤집는 행동이다. 아파하시는 구세주의 모습에서 하나님이 우리를 돌보신다는 사실을 명확하게 알 수 있다. 주님은 상처 입고 아픈 이들에게 큰 관심을 갖고 계시기에 우리와 함께 눈물을 흘리려고 이 땅에 오셨다. 주님은 우리가 생각하지 못한 시간과 장소에 늘 함께 하셨다. '함께함'이란 나사로의 죽음과 마르다와 마리아의 슬픔에 그대로 공감하는 것이라고 가르쳐 주시는 것 같다. 누구에게 보여주려고 눈물 연기를 하신 것도 아니고 인공눈물로 타인의 눈물샘을 자극하는 것도 아니었다.

이 시대를 살아가는 우리는 시대의 어려움이나 인생의 결함들로 인하여 슬픈 일을 끊임없이 경험한다. 주님은 "우는 자들과 함께 울라(롬 12:15)"는 것과 "지금 우는 자는 복이 있다(눅 6:21)"는 것을 삶으로 친히 보여 주셨다. 함께 울면 슬픔은 절반으로 줄어든다고 한다. 미국 작가 워싱턴 어빙은 "눈물은 약함의 표시가 아닌 강함의 표시이며 만 개의 혀보다 더 설득력이 있습니다"라고 말한다. 한국교회가 눈물로 함께하므로 위로가 필요한 이 땅의 사람들에게 주님의 은총과 평강이 전달되기를 간절히 기도한다.

장애인 예수와
어린 돼지[1]

　오래전 스위스교회가 루마니아교회를 위한 선교의 노하우를 배워 새로운 북한선교를 모색하기 위하여 루마니아교회를 방문한 적이 있다. 루마니아 중소도시의 한 교회에서 예배를 드리고 나오다가 예배당 뒷벽에 걸린 유화 한폭을 발견했다. 장애인 예수를 그려놓은 유화였는데 팔다리와 다리가 없을 뿐 아니라 앞을 보지 못하는 장애인 예수의 모습이었다. 장애인 선교를 하는 교회도 아닌 것 같은데 말이다.

1　20221024 기독교연합신문 시론

뜻밖의 그림에 당혹스러움을 감추지 못하며 담임목사께 물었다. "왜 하필 장애인 예수신가요?" 그러자 담임목사는 대답하기를 "좋은 질문 감사하다며 ... 우리 주님은 여기 그림처럼 앞을 보지 못합니다. 또한 여기 그림에 표현해 내진 못했지만 말씀을 하지도, 듣지도 못합니다. 그리고 주님은 다리가 없어 걷지도 못하고 손이 없어 악수도 포옹도 못하시고 봉사도 못하시는 장애인입니다." 잠시 숨을 돌리시더니 이어서 "오늘의 우리가 그분의 눈이 되어 아픔과 눈물을 닦아야 하고, 그분의 귀가 되어 약자들의 신음소리를 들어야 합니다. 그분의 손이 되어 지치고 힘든 이웃을 다독이며 일으키고, 더러는 응원을 위해 박수도 쳐야 합니다. 그분의 다리가 되어 걷기도 하고 달리기도 해야 합니다. 주님은 우리들에게 당신의 심정이 되어 살벌하고 냉랭한 사람들을 찾아 그 따스함과 포근함을 전달해 주시기를 요청하십니다."

나는 쿵 한 대 얻어맞은 느낌 가운데 엄청난 깨달음으로 이어졌다. 모든 선교의 방법을 터득하게 되었고 답을 얻게 되었다. '신은 모든 곳에 있을 수 없어 어머니를 대신 보내셨다'라는 탈무드의 격언처럼 주님은 이 세상 모든 곳에 주님이 있을 수 없어 우리 성도들을 대신 보내신 것이었다. 우리는 주님을 대신해 주님 심정으로 주변 사람들을 대해야 되는 것이다.

사회복지 현장에서 자주 만나온 장애인들이지만 단 한번도 장애인 예수를 생각하지 못했다. 장애인들이 겪는 고초에 대한 연민과 연대를 통한 지지와 지원은 해오면서도 우리 주님이 장애인이라는 등식은 적어도 나의 사전에는 없었다. 앞을 보지 못하는 시각장애인을 두고 누구의 책임인가 공방을 벌이면서도 그를 통해 일하시는 하나님을 생각지 못하던 바리새인들과 별반 다를 것이 없었다.

주님의 마음을 본 받는다는 것은 과연 어떻게 하는 것일까?

"주 모습 내 눈에 안보이며 그 음성 내 귀에 안들려도, 가는 길 거칠고 험하여도, 십자가 고난을 이겨내신 주님의 마음 본 받음이라. 주님의 마음 본 받아 살면서 그 거룩하심 나도 이루리."

2021년 아프카니스탄에서의 미군철수, 탈레반의 카불 점령 등으로 위기에 처하면서 우리 정부에 협력한 아프가니스탄 난민 76가정 394명이 '특별기여자' 명목으로 한국에 들어오게 되었다. 이들 대부분은 이슬람 신봉자인 신자는 주지의 사실이었다. 이들을 향한 대한민국의 공식적인 환대를 바탕으로 우리 기독교계가 어떻게 대하고 어떻게 도우면 좋은지를 두고 KWMA(한국세계선교협의회) 관계자들과 지혜를 모으는 자리를 가졌다. 그때 아프카니스탄에서 먼저 복음을 접한 한 형제가 우리들에게 완곡하게 요청해 왔다.

"개종을 위한 일방적인 전도보다는 그냥 예수그리스도를 보여주세요? 그리고 기다려 주시면 되요."

때를 얻든지 못 얻든지 복음을 전하려는 열정이 한국교회의 문법이었다면 그는 조금 다른 주문을 해 온 것이다. 이슬람 종교와 문화속에 살아온 자신들을 조금 배려해 달라는 것이다. 주님을 증거하고 복음을 전하는 방식의 변화를 요구받게 된 것이다.

새로운 상황속에 주님을 만나게 되는 이들에게 지금은 내가 경험하고 내가 이해한 주님이 아니라, 양을 보지 못하는 어느 나라에서 어린 양 대신 어린 돼지로 번역하듯이, 그들이 만날 주님을 그들이 이해하는 복음으로 표현해 보여주는 뱀같은 지혜가 필요해 보인다.

예수님을
보여주세요

　2021년 8월 탈레반의 박해로 인해 특별기여자 명목으로 391명의 아프가니스탄인들이 입국했다. 이슬람 배경을 가진 이분들을 환영하며 지혜롭게 대응하기 위해 KWMA가 주선하여 관계자들이 회합을 가졌다. 아프가니스탄 관련 인사, 이슬람권 선교사, 난민 사역자, 봉사단체 관계자 등이 함께 했다. 선교적 열정만 가지고 접근하는 것보다 한국 사회에 적응 잘하도록 그들의 필요에 따라 관심과 지원 수위를 정하자는데 합의하였다. 회의를 마칠 무렵 얼마 전 한국에 들어와 주님을 영접한 아프가니스탄의 한 청년이 입을 열었다.

"목사님, 개종시키려고 말로 전도하지 말고 그냥 예수님을 보여 주세요. 그리고 기다려 주시면 돼요."

뜻밖의 말이었다. 지금도 생생한 "예수님을 보여 달라"는 간절한 부탁에 도전을 받으며 그분들의 필요를 곁에서 도우면서 그리스도인의 삶에 대해 많은 생각을 하게 되었다.

바울은 고린도 교인들에게 "그리스도의 편지"라고 선언하고 있다. 우리가 세상 사람들에게 읽혀질 그리스도의 편지라는 것이다. 편지란 안부·소식·용무 따위를 적어 보내는 글을 말한다. 고대에서부터 근대까지는 직접 종이에다 글을 써서 상대방한테 보냈다. 인터넷의 발달로 이메일이나 모바일 메신저가 널리 퍼지면서 지금은 일반적인 대화 수단으로서의 편지는 잘 쓰지 않게 되었지만 여전히 편지가 주는 따뜻한 이미지가 있다. 편지를 천리면목(千里面目)이라고 하는데 이는 천리 밖에서도 얼굴 보듯 한다는 뜻이다.

어느 교회의 영구표어가 '언제 어디서나 그리스도인'이었다. 우리가 시간과 공간 속에 사는 그리스도인인데 굳이 그런 표어를 영구표어로 할 필요까지 있을까 생각하다가 참 의미있는 표어라고 달리 생각하게 되었다. 그 이유는 그리스도인이라면 그리스도의 사람이란 뜻인데 과연 우리는 그리스도의 사람으로 살아가고 있을까를 다시 묻게 되기 때문이다. 사회 속에서 교회가 욕을 먹는 대부분의 경우는 그리스도의 정신과 가치대로 살지 않으면서 그리스도인을 표방하기 때문인 것 같다.

종교개혁자 루터는 "그리스도인은 성경책을 보고 예수를 믿지만 그리스도인이 아닌 사람들은 그리스도인을 보고 예수를 믿는다"고 했다. 불신자에게는 그리스도인인 우리가 바로 살아 있는 성경책이요 그리스도의 편지라는 뜻이다. 주님은 "그들의 열매로 그들을 알라"고 말씀하신다. 지금 여기를 살아가는 우리 그리스도인들이 보여주는 열매는 어떤 것일까? 메시지가 좋아야 하지만 그보다는 메시지를 전하는 메신저가 좋아야 한다. 메신저가 곧 메시지가 되어야 한다. 우리 주님이 사람의 몸을 입고 오신 사랑은 메시지를 온전하게 하신 메신저의 모범이다. 수화를 사용하는 언어·청각장애인들에게는 우리가 사용하는 말이 소용 없다. 그들이 알아보고 이해할 수 있는 언어는 수어다. 불신자들은 말보다는 행동하는 삶을 보고 이해할 수 있다. 찬송가 511장 2절에 "멀리가서 이방사람 구원하지 못하나 네집근처 다니면서

건질죄인 많도다" 한국교회가 각자의 자리에서 삶으로 주님
을 보여주기를 소망한다.

당사자는 다 옳다

대전에 있는 한 노인요양시설 입구에 걸려 있는 "노인은
다 옳다"는 문구가 떠오른다. 뇌졸중 노인과 치매 노인이 주
로 생활을 하는 노인전문시설이기에 더더욱 갸우뚱했다. 필
자가 통합 교단내 빈곤은퇴목회자들의 안식처인 공주원로
원에서 2년여 책임을 맡았을 때 노인들의 과거 회귀적인 사
고와 비록 가난하기는 하지만 목회자로서의 자존감 때문인
지 모르나 어르신들의 행태를 통해 필자가 본 것과는 너무
차이가 컸기 때문이다. 평소엔 별다른 표현도 하지 않던 분
들조차 가족들이 면회를 오면 방금전 식사를 마친 직후인데

도 식사를 제때 주지 않았다거나, 일주일에 한 차례 목욕을 하는데 전날 목욕을 했는데도 목욕을 하지 못해 꿉꿉해 죽겠다거나 하는 고자질로 자녀들과 곤란한 경우를 다반사로 경험하였다. 위 노인시설의 원장님은 그럼에도 불구하고 전 직원은 "노인은 다 옳다"는 신념으로 노인들을 섬기고 돌보겠다는 다짐으로 여겨져 가상한 생각이 들었다.

"아이가 울면서 한 말에 많은 것이 담겨 있다. '엄마는 그러면 안 되지, 내가 왜 그랬는지 물어봐야지, 선생님도 혼내서 얼마나 속상한데, 엄마는 나를 위로해 줘야지. 그 애가 먼저 나에게 시비를 걸었고, 내가 얼마나 참다가 때렸는데, 엄마도 나보고 잘못했다고 하면 안 되지.' 아이의 이 한마디 한마디는 공감이 가닿아야 할 지점이 어디인지를 정확하게 알려주는 공감의 현장에 가깝다. 아이의 말을 받아들이고 성찰하는 엄마의 깨달음 또한 그렇다. 어떤 이의 생각, 판단, 행동이 아무리 잘못됐어도 그의 마음에 대해 누군가 묻고 궁금해한다면 복잡하게 꼬인 상황이 놀랄 만큼 쉽게 풀린다. 자기의 마음이 공감 받았다고 느끼는 사람은 자기가 감당해야할 몫이나 대가를 기꺼이 받아들인다. 책임질 일이 있으면 기꺼이 진다. 자기 마음이 온전히 수용되었다는 느낌 때문이다. 억울함이 풀려서다. 그러므로 '사람의 마음은 항상 옳다'는 명제는 언제나 옳다."

〈정혜신의 당신이 옳다〉에서 인용

현재 하고 있는 업무상 가난하여 이웃의 도움이 필요한 이들, 폭우와 폭설로 살던 집이 파손되거나, 질병이나 사고 또는 사회적 참사로 가족을 상실한 아픔을 겪은 이들을 더러 만나게 된다. 엄청난 결핍과 아픔 그리고 상실로 인해 몸과 마음은 소진되어 있는데 억울함은 점점 커가고 개인적으로나 사회적인 관심에서 잊혀져 가는 것에 대한 분노가 목까지 차 있다. 이분들을 만나서 배려하고 공감하기 보다는 설교를 하는 경우도 있고, 객관적인 옳고 그름의 잣대로 도덕 강의를 하다가 뒤늦게 반성하기도 한다.

우리들이 고난의 교과서로 인정하는 욥기에 보면 욥이 당한 고난을 위로하려고 달려온 세 친구들은 전통의 지혜와 신비적인 경험과 주관적인 확신으로 지적을 하면서 욥의 변화를 강권하였다. 친구인 엘리바스가 경험을 바탕으로 신앙적으로 충고하자 "옳은 말이 어찌 그리 고통스러운고"(욥 6:25)라며 수용하기 곤란함을 우회적으로 표현하고 있다. 충고하고 조언하고 평가하고 판단하는 사람들이 저지르는 가장 큰 실수는 옳고 그름만 따지면서, 정작 당사자의 처지는 고려하지 않는다는 점이다. 얼마 전에 존경하는 한 목사님과 교회와 총회 관련 말씀을 나누는데 갑자기 필자를 향해 "김목사는 당사자가 안돼봐서 몰라" 당사자라는 표현에 필자는 말문이 막혔다. 어떤 일에 직접 관계가 있거나 관계한 사람이 당사자인데 이 당사자에게 하고 싶은 말을 멈춰야 한다. 삼자인 우리는 직접적인 당사자를 용인해야 할 의무가 있다. 당사자의 말은 진행발언과 같이 우선적으로 취급돼야 하고, 당사자의 문제는 장례식과 같이 다른 무엇보다도 앞서도록 추월을 용인해야 한다.

지난해 10월 29일 159명의 목숨을 앗아간 이태원참사 유가족들을 이따금씩 만난다. 필자는 그분들이 토해내는 국가를 향한 원망과 분노, 납득되지 않는 정부의 발표와 대응 앞에 투사가 되어가는 그분들의 거친 말에 일리가 있는 정도를 넘어 무조건 옳다고 지지하고 싶다.

우리가 불을 꺼야
별을 볼 수 있어요

　2007년 12월 7일 충청남도 태안 앞바다에서 유조선과 예인선이 충돌하여 원유가 유출되는 사고가 났다. 생태환경의 오염과 함께 지역 경제에 큰 상처를 입힌 엄청난 재난이었다. 태안 바닷가의 오염현장은 해안가로 밀려드는 기름덩어리와 죽은 물고기들과 어패류, 코를 찌르는 기름 냄새로 사람이 살 수 없는 곳이 되고 말았다.

　기름띠 제거를 위해 2007년 12월 18일 한국교회자원봉사의 날로 정하고 사고현장에서 가장 가까운 개목항에 700여명의 한국교회의 지도자들이 모여 자원봉사단 발대식을 가졌다. 이듬해 2008년 1월 11일 연세대학교 강당에서 <서해안 살리기 한국교회봉사단>이 출범하였다. 원유유출 사고는 대한민국의 역사가운데 감당하기 힘든 고통이었지만 '하나됨의 당위'라는 과제를 한국교회에 던져 주었다. 전국의 방방곡곡 도회지의 대형교회부터 농어촌의 작은 교회와 도시의 개척교회까지, 사회정의와 하나님의 선교를 실천하는 진보적 교단의 교회나 교회성장과 민족복음화를 외치는 보수교단의 교회에 이르기까지 누구랄 것 없이 달려와 방제작업에 전념하였다. 환경선교 혹은 생태정의에 대한 입장과 견해가 다른 것이 문제되지 않았다. 하나님의 창조세계인 바다가 죽어가는 모습을 보면서 우리 모두는 반성하게 되었고 회심의 기도를 드리면서 기름띠를 걷어 내려고 혼신의 노력을 다했다. 자원봉사를 하시는 어느 권사님의 고백처럼 "바다가 죽으니 사람도 살 수 없네요"를 모두가 몸으로 경험하였다. 바다와 육지, 도시와 농촌, 교회와 사회를 별개로 생각하며 환경에 관계없이 전도만 하면 되는 줄 알았는데 바다라는 자연과 우리네 사람사이가 아주 긴밀하게 연결되어 있음을 현장에서 배우게 된 것이다. 적어도 서해안의 기름유출 현장에서 만큼은 서로의 입장과 관점을 내세우지 않았다. 사도행전의 초대교회처럼 우리교회들이 사용하는 모든 언어는 방언처럼 서로 통용되었던 것이다. 우리 교회들 사이에, 우리 사회의 여러 구성원들 사이에 결코 이질적이지 않은 하나됨의 기적을 맛보았던 것이다. 해외선교의 위축으로 의기소침하던 한국교회는 견디기 힘든 아픔의 현장에 가장 먼저 달려가 현장이 필요로 하는 역할에 충실하면서, 가장 마지막까지 현장을 지키므로 3.1 운동이후 가장 칭송받는 한 페이지의 아름다운 역사를 쓰게 되었다.

이른바 '태안 유류피해 극복 기록물'은 유류 유출 사고와 극복하는 과정에서 정부와 지방자치단체, 민간단체와 개인들이 기록하고 생산한 22만2129건의 방대한 기록물이 유네스코 기록물에 등재되었다. 삶의 터전을 잃은 주민들의 사투와 전국 123만 자원봉사자의 숭고한 헌신과 희생의 손길이 고스란히 담겨있는 이 기록물에는 무엇보다 각종 방제 작업에 참여한 1만여 한국교회와 80만 크리스찬의 봉사와 섬김이 수록된 사진과 영상 등 한국교회 관련 문건도 643건이나 포함되어 있어 의미가 크다. 서해안의 재난에 내일처럼 참여하며 이기심과 욕심으로 살아온 날들에 생태적 회심으로 응답한 것으로 한국교회 140년 역사상, 섬김과 봉사라는 하나님의 부름심에 응답해 한국교회가 하나될 가능성을 보여준 기념비적 사건이다.

자원봉사의 기적과 한국교회 연합의 아름다움 나아가 유네스코 기록물 등재의 기쁜소식에 머물러 있기보다 15년전 사고에 담긴 본질로 돌아가야 한다. 자연과 인간의 관계가 틀어진 것도 전적으로 인간들이 동물들의 생태공간을 빼앗고 오염시키며 살다 보니 점차 이 관계가 멀어져서 벌어진 일이다. 전 세계 팬데믹을 불러온 코로나19 사태를 "인간이 생태계를 무시한데 대한 자연의 대응"이라거나 "인간의 과잉활동이 지구 생태계에 준 악영향"으로 정의하는 이도 있다. 코로나19 팬데믹으로 브레이크 없는 인간의 욕망은 잠시 멈췄다. 지금의 위기는 달궈진 지구를 식히고, 생채기로 얼룩진 자연환경을 다시 되돌릴 수 있는 절호의 기회다. 불을 꺼야만 별을 볼 수 있듯이 우리는 편리추구에서 불편감수의 열차로 갈아타야 한다. 질주하는 탐욕의 인간 열차에서 내려 자연과 공존하고 상생하기 위한 마지막 기회가 될 것이다.

순망치한(脣亡齒寒)[1]

　러시아인이면서 한국인으로 귀화한 박노자 교수는 한 시사 프로그램에서 "각자도생입니다. 자기편 없이 외롭게 홀로 싸워야 하는 각자도생의 상태가 지금의 한국사회라고 하겠습니다"라고 한국사회를 정의했다. 우리 사회가 '각자도생'이라는 정의에 공감하며 '상호의존적인 존재'가 되어 상생의 길을 성찰해 보고자 한다.

　10년도 더 되었지만 서해안 기름유출사건이 터졌을 때 피

1　20190603 기독교연합신문 시론

해를 입은 현지의 주민들은 한결같이 "바다가 죽으니 사람도 살 수 없다"고 말했다. 인간의 욕심과 실수로 저질러진 폐혜는 고스란히 사람들의 피해로 되돌아오는 것을 비로소 깨닫게 된 것이다. 온 국민을 화재의 트라우마로 몰아갔던 강원도 고성과 속초의 산불은 순식간에 사람이 살 수 없는 폐허로 만들었다. 산에 대한 고마움을 잊고 지내던 우리들에게 산은 늘상 그렇게 그 자리에서 있는 듯 없는 듯 사람을 살려주고 있었던 것이다. 바다와 산의 고마움은 그것을 잃고 나서 엄청난 재난의 고통 이후에 비로소 알게 되는 것이다. 이렇듯 사람과 자연은 연관되어 있다.

우리는 하루도 먹을 것과 떨어져 지낼 수 없다. 우리는 수많은 식물과 동물을 섭취함으로서 생명을 연장해 가고 있다. 일본의 야마기시 공동체는 닭을 기르는 공동체로 알려져 있는데 달걀을 꺼내러 갈 때든지, 폐계로 닭을 잡아 팔아야 할 때 닭에게 그 고마움을 표현하는 것으로 잘 알려져 있다. 수많은 음식은 곧 수많은 생명의 희생을 전제하고 그 생명의 희생을 전제로 우리 생명은 연장되어 가고 있다. 비단 음식만 그런 걸까?

사람들의 관계는 더욱 상호의존적이다. 부모에 의해 태어나 양육되고 친구와 스승에 의해 사회성을 배우고 공동체적인 성숙을 경험하면서 홀로의 독립된 존재가 아닌 더불어 살아가는 사회를 배우는 것이다. 이기적이고 자기중심적인 본성으로 살아가는 우리들이어서 많은 경우 자신의 이해관계로 사람을 선택하고 가치를 선택하며, 직장을 선택하고 종교를 선택하며 살아가고 있다. 보수와 진보가 서로 나뉘어 적대적인 공격성을 보이고 있고, 안보와 경제가 서로 다른 가치인 것처럼 주장하기도 하고, 남한과 북한의 서로 다른 입장과 신념을 이야기 하지만 과연 무관한 것일까? 북한의 식량난과 북한의 전쟁위협은 우리 남한과 관계없는 것일까? 국내정치와 외교 관계는 무관한 것일까? 정치와 경제는? 우리는 이제 떼어낼 수 없는 하나의 연결고리가 되어 실존함을 부인할 수 없다. 국내는 물론 지구촌 모두는 상호연관되어 있다.

'순망치한(脣亡齒寒)'이란 사자성어가 있다. 입술이 없으면 이가 시린 것처럼 가까운 사이에 있는 하나가 망하면 다른 하나도 그 영향을 받아 온전하기 어려움을 비유하는 말이다. 이처럼 우리 모두는 상호의존적으로 살아가고 있다. 상호 의존적인 관점은 우리들을 더 너그럽고 부드럽게 한다.

진정으로 더불어 함께 살아가는 상생의 해법이 필요한 때
이다. 급변하는 세상에서 미래를 책임질 상생의 힘을 키우
는 것이 우리의 미래와 발전을 보장받을 수 있는 유일한 길
이다. 주님은 일찍이 상생의 삶을 이렇게 표현해 주셨다(요
4:36~38). 뿌리는 자와 거두는 자가 함께 즐거워하는 길은 한
사람은 심고 다른 사람은 거두는 것처럼 오늘의 성과는 다
른 이의 노력에 기초한다는 사실이다. 감사하며 나누지 않
고 나 홀로 독점하는 것이야말로, 아니 나 혼자 거두려는
욕심을 버릴 때만이 비로소 공멸이 아닌 상생에 이를 수 있
다는 말일 게다. 우리가 뿌리고 때로는 거두지 못하기도 하
고, 우리가 뿌리진 않았지만 거두는 은혜를 입을 때도 있다.
구분을 해 볼 수 있어도 분리는 어려운 세상 곧 한 공동운명
체로 살아가는 우리들이다.

죽은 바다와 함께
한국교회가 살아나기를!

"바다가 죽으니 사람도 살수 없네요." 피해 현장의 주민이자 교인이 들려준 이 말은 지금도 귀에 생생하다. 서해안 기름유출 사고는 바다는 죽어도 사람이 사는데 지장이 없을 줄 알았던 우리에게 바다가 죽으니 사람 역시 살 수 없음이 재앙으로 증명되어 큰 교훈을 안겨주었다.

2007년 12월 7일 충남 태안 앞바다에서 유조선 '허베이 스피리트'와 크레인선 '삼성1호'가 충돌하면서 대량의 원유

---

1   20171207 기독공보 기고

가 흘러나왔다. 이 때문에 태안군과 인근의 양식장, 어장 등 8,000여ha가 원유에 오염되어 어폐류가 폐사했다. 짙은 기름띠는 만리포, 천리포, 모항, 안흥항, 가로림만, 천수만, 안면도까지 유입되었다. 죽은 바다를 살리기 위해 한국교회 교우들은 태안으로 달려가 기름을 닦아 내고 기름막을 제거했다. 이는 123만명의 방제작업 자원봉사자 가운데 1만여 교회 80여만 명의 교우들이 사고현장을 찾아 봉사한 한국교회사상 최대의 섬김 사역이었다. 교우들의 자발적인 헌신과 봉사는 실의에 빠진 주민들과 국민에게 위로와 희망을 선물했다. 또한 한국교회의 연합과 일치를 도모하는 좋은 계기도 되었다.

당시 발표된 '서해안 살리기 한국교회 선언문'에는 "백성의 위로자(사 40:1)가 되어 모든 슬픈 자를 위로하고(사 61:2), 서해안의 아픈 주민과 함께 울고(롬 12:15), 피조물의 탄식 소리에 응답하며(롬 8:22), 마지막까지 남아 하늘의 구원을 도모하라고(롬 9:27) 명령하시는 하나님의 엄위하신 요청에 순응하고자 오늘 우리는 이 자리에 함께 모였다.(중략) 한국 교회는 사고 초기부터 가동해 온 자원봉사 활동과 방제사업을 정비하고, 교단이나 단체별로 다양하게 수행해 온 소중한 경험들을 결집하여, 중장기적인 안목으로 체계적이고 지속적인 후속 활동을 전개하고자 한다"고 다짐하고 있다.

교회 내적으로는 교회성장의 한계 속에서 우울해 하는 가운데 아프칸 피랍사건(2007. 7)으로 해외선교가 위축되고 의기소침하던 한국교회는 민족의 아픔의 현장에서는 보수, 진보, 크고 작은 교회, 교단, 단체 할 것 없이 한마음이 되어 섬겼다. 한국교회가 하나 되어 "섬기면서 하나 되고, 하나 되어 섬기자"는 기치 아래 3.1 운동이후 민족과 교회가 이렇게 대규모적 일체감을 가진 적이 없었던 것 같다. 방제작업의 자원봉사자로 해변의 바위를 닦던 한 권사님의 "바위를 닦는 것이 아니라 내 마음을 닦는다"는 고백처럼 생태 신앙으로 살지 못한 우리의 욕심을 반성하고 회개하는 삶의 자리가 되었다. 사회와 교회가 생활과 신앙이 현장의 주민과 교인이 분절됨 없이 소통되었고 서해안의 아픔과 슬픔은 곧 우리 교회의 아픔이자 슬픔이었다. 그 일은 바로 10년 전 바로 우리가 경험한 생생한 우리의 역사였다.

그로부터 10년이 지난 지금 우리는 어떠한가? 80여만 명이나 되는 방제작업의 자원봉사자라는 숫자적 자부심외 우리 자신에게 그리고 한국교회에 남아 있는 가치는 무엇일까 묻고 싶다. 당시의 화두였던 생태적 회심은 도대체 어디로 간 것일까? 종교개혁 500주년이 되는 금년, 많은 개혁 구호가 남발하는데 개혁의 본정신은 어디서 찾아야 할까?

창조주 하나님과 역사의 주관자 되신 하나님 앞에 탐욕과 속도에게 자신의 영혼을 판 죄를 회개하는 마음으로 기름을 닦던 그 마음, 그 믿음은 어떻게 회복될 수 있을까? 1925년 스톡홀롬 선교대회의 구호였던 "교리는 교회를 분열시키지만 봉사는 하나 되게 한다."는 표어처럼 서해안의 아픔은 한국교회를 하나 되게 한 것이다. "역사를 모르는 민족은 미래를 말 할 수 없다"고 단재 신채호선생은 일갈했는데 불과 10년 전의 역사를 까마득히 잊고 있는 우리는 미래를 말할 수 있을까? 서해안 기름유출사고 10주년과 종교개혁 500주년의 카이로스는 다시금 생태적 회심과 결단이 죽은 바다의 탄식을 통해 하늘의 메시지를 한국교회에 전하고 있다 하겠다.

재난시대
교회의 사회적 책임

　인류역사상 재난은 계속되어 왔으나 최근에는 기후 위기가 심각해지면서 재난의 강도나 범위가 더욱 확장되고 있다. 지진, 폭염, 혹한, 폭우, 태풍 등 재난의 강도가 강해짐에 따라 노인, 어린이, 장애인, 이주민, 난민 등 이에 취약한 계층은 이중으로 어려움을 겪는다. 우리는 지금 '코로나19'로 말미암아 한국교회는 물론이고 우리나라와 온 지구촌이 몸살을 앓고 있다. 만족을 모르는 이기적인 욕심

1　20220127 기독공보원고

으로 사람들은 자연생태계를 파괴했고 그로 인해 인수공통전염병의 댓가를 혹독하게 치르고 있다. 이러한 재난의 위기속에 교회의 사회적 책임을 역사적으로 더듬어보며 오늘 한국교회의 사명을 되새겨 보고자 한다.

우리의 일상생활이 재난상황이라 "재난"과 연관된 단어를 자주 접하게 된다. 재난에 대한 법률 제17383호 재난 및 안전관리 기본법에서는 재난을 "국민의 생명·신체·재산과 국가 전체에 피해를 주거나 줄 수 있는 것"으로 정의하고 있다. 재난 및 안전관리 기본법에서 재난을 자연재해와 인적 재난과 사회적 재난의 3가지로 분류하다가 최근 인적 재난과 사회적 재난을 사회재난으로 통합하였다. 사람들의 부주의로 일어난 대형 사고와 국가 인프라에 장애가 발생하거나(국가 인프라에 발생한 장애와) 전염병 확산도 사회재난에 해당한다. 자연재해든 사회재난이든 사실상 창조세계인 지구를 잘 관리하지 못한 책임이 우리 사람들에게 있다고 자인하면서 재난시대를 살아가는 상부상조의 지혜를 배우고자 한다.

주후 165~180년 고대로마에 천연두가 창궐해 500여만 명이 사망했을 때, 로마 시내 곳곳에 방치된 시신을 치운

건 카타콤에 숨어 지내던 기독교인들이었다. 주후 251년 알렉산드리아에서 전염병으로 전인구 3분의 2가량이 죽어갈 때, 기독교인들은 예배를 마치면 거리로 나가 환자들을 돌보았다. 알렉산드리아의 감독 디오니시우스는 부활절 서신에서 기독교는 초기부터 사랑과 선행의 신앙으로 교회공동체 결속과 사회봉사에 헌신했고, 감염병 앞에서도 더 훌륭하게 대처했다고 말한다. 그 결과 월등히 높은 생존율을 보였는데 이유는 교회공동체가 사랑과 헌신으로 서로를 돌보았기 때문이라고 평가하고 있다.

우리 역사 가운데 전염병으로 가장 비참하고 피해가 컸던 경우는 14~17세기 유럽을 휩쓸었던 페스트였다. 쥐벼룩으로 옮겨진 바이러스에 확진되면 몸에서 열이 나고, 피부가 괴사하면서 검게 변하고(흑사병), 사흘에서 닷새 만에 피를 토하며 죽는 대단한 전염병이었다. 남편도 감염된 아내를 버렸고 부모도 자식을 버렸다. 추산하기로 7,500만~2억여명의 목숨을 앗아간 흑사병은 중세의 교회와 사회에 엄청난 영향을 미쳤다. 흑사병이 만연할 때 중세 카톨릭교회 지도자들은 전염병의 확산 속에 치명적인 실수를 하였다. 중세 카톨릭 교황 클레멘트 6세는 공간의 권위를 지키고 믿음으로 흑사병을 이기자면서 신도들을 무조건 성당으로 모이도록 했다. 결국 성당은 집단감염의 진원지가 되어 수많은 이들이 죽어갔고 중세 가톨릭은 몰락의 길을 걸었다. 감염을 무시했던 중세 카톨릭교회는 신뢰를 잃고 몰락의 길로 들어섰다. 반면, 종교개혁자들은 사랑의 실천으로 종교개혁을 성공으로 이끌었다. 이러한 역사적 교훈을 한국교회는 거울로 삼아야 한다.

종교개혁자 루터는 양떼를 돌볼 다른 목회자가 있다면 위험지역을 떠나는 것도 잘못된 것은 아니라면서, 선한 목자는 양들을 위해 목숨을 버린다는 사실을 언급하면서 루터는 영적으로 돌봄이 필요한 이들을 피하지 않고 환자들을 돌보았다. 츠빙글리도 위험을 무릅 쓰고 병자들을 헌신적으로 돌보다가 흑사병에 전염되었고 자녀를 잃는 아픔도 겪었다. 칼뱅은 미리 구빈원을 만들어서 사회봉사를 했고 제네바에 흑사병이 창궐할 때 환자격리 시스템을 도입했다. 그래서 노약자를 비롯하여 감염에 노출이 쉬운 사람일수록 교회 출입을 통제하면서 대신 목회자들이 환자를 찾아가는 심방 예배를 장려했다. 칼뱅은 예배의 존엄성을 끝까지 지키면서도 이웃 사랑과 생명 사랑을 실천한 것이다.

3.1 운동 당시 대한민국의 인구는 1,600만명, 천도교 200만명, 기독교인은 20만명이었다. 33인의 대표중 기독교인 16명, 천도교인 14명, 불교인 2명으로서 그리스도인이 절반이 넘는다. 그리고 이 독립운동으로 인하여 장로교 교단을 비롯한 기독교계가 가장 심한 피해를 보았다. 이처럼 3.1 운동의 지간(枝幹)에는 어디든지 기독교와 기독교인들이 있었다. 기독교인들이 3.1 운동에 열정적으로 참여한 것은 기독교를 드러내고자 함이 아니라, 세상의 소금이 되어 자신을 희생함으로써 대한민국의 독립을 이루려는 애국의 마음이었다.

1950년 6월 25일 일어난 한국전쟁으로 전쟁고아와 장애인 그리고 독거노인들이 사회문제화 되었을 때 미국을 비롯한 외원단체와 관련된 한국교회는 "우는 자들과 함께 우는" 사회사업을 앞장서 전개해 왔다. 이름 없이 빛도 없이 사회적 도움이 필요한 이들을 찾아 주님의 긍휼을 실천하므로 사회복지의 기초를 놓게 되었다.

한국교회는 1960~80년대 막혀 있던 언로를 대신하고, 유신체제에서 억울한 옥살이를 당한 구속자들을 위해 기도회를 조직하는 등 민주화운동에서 주요한 역할을 감당했다. 이는 일제 강점기 조국의 독립과 계몽을 위해 헌신한 것과 맥을 잇는다. 한국교회는 1965년 한일협정 반대운동, 1969년 3선 개헌 반대운동, 1972년 유신헌법 반대운동에 참여했다. 1974년부터 시작된 목요기도회는 엄혹했던 독재시절 인권 문제와 관련해 공개적으로 기도하고 사회에 호소할 수 있는 유일한 곳이었던 동시에 구속자 가족과 목회자, 평신도, 비기독교인들이 한자리에 모인 연대와 결단의 자리였다. 사회적 약자들을 위한 도피성으로서의 교회였는데 노동자들의 야학과 도시빈민의 공부방 그리고 도서벽지의 무료 진료 등은 한국교회의 대표적인 섬김 사역이었다. 그러나 이러한 사회적 책무는 기독교인들로서 마땅한 사명이라 여겨서 민주화운동으로 인한 복역과 수많은 핍박과 탄압을 보람으로 치환할 수 있었다.

주후 46~47년에 팔레스틴 전역을 황폐하게 한 대기근은 예루살렘 교회를 비롯한 유대인들의 생활고를 악화시켰다. 사도 바울은 초대 교회의 모교회라고 할 수 있는 예루살렘 교회의 가난과 궁핍을 모른 채 할 수 없었다. 고린도 교회를 비롯한 갈라디아 교회, 마게도냐와 아가야 지방의 교회들에게 예루살렘 교회 구호 헌금을 부탁하였다.

"나의 형제 곧 골육의 친척을 위하여 내 자신이 저주를 받아 그리스도에게서 끊어질지라도 원하는 바로라"(롬 9:3) 수많은 핍박을 가했던 유대인들에 대한 애증이 교차했을 바울이지만 그럼에도 자기 민족을 살릴 수만 있다면 그리스도에게서 끊어지는 저주라도 기꺼이 받겠다고 고백한다. 공동체를 위해 희생하는 정신이야말로 지도자의 첫째 자격이요 한국교회의 사명이었다. 코로나로 한국교회가 처한 상황 역시 많은 고충과 아픔이 있다. 사회학자 로드니 스타크는 초기 기독교가 이교도들과 달리 이웃 사랑의 실천으로 전염병 환자들을 적극적으로 돌본 것이 기독교 확산에 중요한 요인이었음을 강조했다. 그러나 거대 왕국을 이룬 중세 카톨릭교회는 전염병에도 사람들을 성당에 모이게 했다가 오히려 전염병이 급속하게 확산되어 수많은 사람을 사망에 이르게 하는 어리석음을 범했다.

우리 교회가 회복해야 할 것은 예배의 횟수와 회집인원의 크기가 아니다. 우리 교회의 애로와 문제를 먼저 따지는 것이 아니라 차라리 손해를 보는 한이 있어도 말이다. 지난한 코로나 재난시대 우리 사회의 취약계층과 의료진, 자영업자, 비정규직, 임대교회 등 다양한 약자들의 신음소

리를 경청하고 두루 모아, 주님 긍휼의 우산 속에 수렴하
여 입장의 동일함을 갖는 일이다.

함께 아파야 형제고
영향을 받아야 지체다

지난여름 산에서 내려오다 넘어져 손가락이 골절되었다. 반깁스하니 손가락에 땀이 나 불편했고 씻기 위해 매번 풀고 매는 일은 더 번거로웠다. 다친 손가락은 네 번째 손가락인 약지였다. 그다지 존재감 없는 약지지만 막상 다치고 나니 위력이 대단했다. 두 달여 해 온 깁스를 풀었는데 손가락이 구부러지지 않는다. 다친 약지는 응당 그렇다 치지만 약지 옆의 중지와 새끼손가락은 왜 구부러지지

---

1   20211125 가스펠투데이 디아코니아 원고

않는지? 6개월이 되어가는 지금도 다친 손가락과 양옆 두 개의 손가락은 온전하게 구부러지지 않아 불편함 속에 지내고 있다. 지체는 이렇게 영향을 받고 함께 아파한다는 것을 다치고 나서야 깨닫게 되었다.

최근에 두 가지 일을 겪으면서 이 깨달음은 심화하였다. 필자가 관련되어 재정을 지원하는 것으로 도움을 드린 목회자가 있다. 도움 받은 일로 그가 속한 단체의 입장과 다르다 하여 사퇴로까지 문제가 비화되었다. 해당 단체가 반으로 나뉘어 옳고 그름의 공방을 심하게 하면서 양쪽에서는 자신들이 유리한 입장이 되도록 필자가 편들어 주기를 요청해 온다. 참으로 안타깝고 가슴 아픈 일이다. 자체 내의 갈등이 없었으면 그 지원은 미담으로 남을 일이 어쩌다 다툼의 공방 재료가 되었는지 이 일은 쉽게 해결될 것 같지 않아 답답해 보인다.

다른 한 가지 사례는 여러 가지 사연 속 상실의 아픔을 가진 분들 이야기다. 자조 모임이 누구보다도 필요한 분들인데 코로나로 모임을 할 수 없었다. 이제 위드코로나 시대로 접어들면서 회원들이 가을 나들이를 갈망하였다. 모처럼 여행을 떠나고 싶어 하는 이 일에 필자도 마음을 보태고 싶어 한 지인에게 이야기했다. 그랬더니 지인 본인이 교통편과 일정액의 경비를 주선해 보기로 하였다. 그렇게 시작한 여행 지원 건은 해당 단체의 책임자에게까지 전달되면서 필자의 작은 찬조 외의 경비 대부분과 차량 모두 부서 책임자가 지게 되었다. 이렇게 선한 의도로 발전된 여행 건은 이야기가 거듭되면서 여러사람들이 마음을 모으고 힘을 거들어 정을 나누는 좋은 선례가 되었다. 그리고 그토록 갈망했던 여행은 즐거움의 환호성이 되었다.

이 두 가지 사건을 겪으면서 생각해 본다. 우리들의 일상에서 일어나는 아픈 일들에 나는 과연 얼마만큼 마음 아파했는가? 그 아픔으로 얼마만큼 영향을 받았는가? 나도 그처럼 아파하고 내게 그 아픔으로 인해 힘듦이 있어야 지체인데 나는 과연 그랬던가? 어느새 삼자적 입장에서 관조하며 판단하는 자리에 서 있지 않았나를 반성해 본다. 따스한 형제애가 더욱 그리워지는 추운 계절을 맞았다. 힘들어하는 이웃과 함께 아파하고 그 곁에서 길을 찾으며 답답함에 같이 동동거리는 지체가 주님 보시기에 참된 교회가 아닌가 생각해 본다.

만능열쇠 같은 공정은
자비로 보완되어야[1]

공정(公正)이라는 단어가 시대정신이 된 것처럼 주목받으며 대한민국을 뒤흔들고 있다. 이명박 정부에서는 "공정한 사회"를 국정 방향으로 제시했고, 4년 전 문재인대통령은 평등, 공정, 정의를 정부 운영의 핵심 가치로 내세웠다. 대선을 앞둔 대통령 예비주자들의 공정 담론은 우리 사회에 만연해 있는 반칙과 특권, 불공정이 문제의 발화점으로 보인다.

어느 작은 고을에 할머니가 운영하는 식당이 있었다. 어

---

1   20210705 기독교연합신문 시론

느 날 고관 행렬이 이 식당에 들렀다. 그들은 갈 길이 바쁘다며 음식을 재촉했고 아예 한 사람은 주방 입구에서 나오는 음식을 자기네 상으로 가져갈 태세였다. 이에 주인 할머니가 버럭 소리를 질렀다. "우리 집은 먼저 온 손님이 먼저 먹는 게 법(法)이요"

할머니의 말에 그 사람은 머쓱해졌고 다른 손님들은 맘속으로 쾌재를 불렀다. 그 후 이 식당에 한 노인이 식사하러 들어왔다. 할머니는 노인 손님을 자리에 안내하고는 주방에 들어가 손수 그릇이 넘치도록 국밥을 챙겨 나와 노인상에 먼저 올렸다. 그러자 먼저 온 손님들이 항의조로 불평을 했다.

"먼저 온 손님이 먼저 먹는 게 이 집의 법(法)이라더니 왜 나중에 온 손님을 먼저 주는가?"

이에 주인할머니가 조용히 말했다.

"먼저 온 손님이 먼저 먹는 것은 법(法)이고, 시장한 노인을 먼저 대접하는 것은 도리(道理)아니겠오."

공정이 시대 담론처럼 회자하고 있지만 공정이 우리 시대에만 주어진 특별한 화두가 아니었던 모양이다. 공정은 경쟁사회를 전제로 해서 절차적인 공정성에 방점을 찍고 있다. 출발이 평등한가와 과정에 반칙이나 특권은 없었는지 과정의 공정성에 주목을 한다. 우리가 자주 소환하는 법과 원칙은 언제 어디서나, 누구에게나 동일하게 적용되어야 한다. 교회도 예외가 아니고 교회의 중직자 역시 예외 대상이 아니라는 점이다.

이러한 절차적 공정성에 누가 이의를 달겠는가? 그러나 분명한 것은 우리의 공정 논의의 한계가 내재한다는 점을 간과해서는 안 될 것이다. 따라서 우리 사회의 공정 담론에 추가하고 보충해야 할 부분이 있다는 점이다. 우리 교회가 보완해야 할 측면은 바로 스가랴 선지자가 언급하는 관용과 자비라는 덕목이다. "만군의 여호와가 이같이 말하여 이르시기를 너희는 진실한 재판을 행하며, 서로 인애(관용)와 긍휼(자비)을 베풀며, 과부와 고아와 나그네와 궁핍한 자를 압제하지 말며 서로 해하려고 마음에 도모하지 말라"(슥 7:8~9) 스가랴의 말대로 재판은 누구에게나 공정해야 한다. 그렇지만 재판의 공정함 가지고는 부족하다는 것이다. 공정한 재판과 더불어 우리에게 요청되는 대목이 있다. 아무리

공정을 선언하고 공정을 구현해 가는 법과 원칙이 우리 사회를 지배하더라도 2% 부족한 것은 바로 사회약자 들에 대한 배려다. 그리고 이들에 대해 그럴 수도 있다는 관용과 조건 없는 자비가 우리 법과 원칙을 보완해야 한다는 점이다. 그리고 바로 이 일은 교회가 자임해야 한다.

사람과 사회에 법이 있어야 하지만 법 이전에 도리가 기본이듯이, 공정 이전과 이후에 관용과 배려가 빠지면 우리 사회는 살벌한 정글이 되고 말 것이다. 상대적인 인간이 절대적인 공정성을 이야기하려면 그것은 자비로움을 이야기하는 것일 수밖에 없지 않은가? 공정은 목적이 아니라 경쟁의 규칙에 지나지 않기에 자비가 더해지고, 법과 원칙 이전에 도리를 따져 보완하는 포근함으로 공정사회를 완성해 가야 한다.

마태복음 20장 포도원 품꾼들 비유에서 나중에 일하러 온 사람에게 한 데나리온을 주는 행위에서 주인의 자비로움을 보게 되는 것이다. 더불어 모두에게 기회를 제공하고 있다는 점에서 공정을 엿볼 수 있다. 공정이 우선되어야 하지만 자비로 보충되지 않는 공정은 반쪽짜리 가치가 될 수밖에 없는 한계를 보며 보완하고 보충해가는 교회가 되어야 하지 않을까?

무임목사,
우리들의 동역자입니다!

　우리 교단과 타교단의 어려운 교회 목회자 생활비 지원하는 일을 하다가 우연히 무임목사의 절규를 듣게 되었다. "미자립교회 목회자들의 딱한 사정 인정하지만 강단도 교인도 없는 목사, 동반성장의 제도적인 지원 대상조차 되지 않는 목사, 소속 노회 조차도 고려의 대상에 포함시키지 않는 목사, 관련 교회와 교인들로부터 관심과 기도로부터 배제되어 잊혀져 가는 목사... 임지를 찾아 가는 동역자도 있지만 종국

1　20190322 가스펠투데이 디아코니아 원고

엔 사명과 소명으로 시작한 목사직을 떠나고 싶어서가 아니라 어쩔 수 없이 밀려나 이직해 겨우 생을 연명하는 목사 아닌 목사... 주홍글씨처럼 우리 교계에 무관심과 민폐의 대명사가 되어버린 무임목사가 여기 있다"는 한 맺힌 신음소리를 듣게 되었다.

지난해 9월 통합 교단 103회기 총회보고서에 의하면 목사 수는 19,832명, 무임목사의 숫자는 1,633명으로 보고되어 있다. 총회 헌법 제2편 정치 제 27조 목사의 칭호 9항에는 '무임목사'를 "시무처가 없는 목사"라고 정의한다. 그리고 "3년 이상을 계속 무임으로 있으면 목사의 직이 자동 해직된다" 해직하기 곤란하여 방치(?)하는 몇몇 노회를 고려해보더라도 이 숫자는 보고되는 수치보다 훨씬 많을 것으로 추정되어 우리 교단의 경우 전체 목사의 10%를 웃돌 것으로 여겨진다. 우리교단을 넘어 타교단까지 계수해본다면 그 숫자는 우리의 예상을 훨씬 뛰어넘을 것이다.

목사의 소속은 지교회가 아니라 노회인데 지금 노회는 70% 가까운 자립대상교회의 생활비 지원문제를 풀기 위해 혼신의 노력을 경주하고 있다. 교회성장의 적신호는 교인 수와 헌금액의 감소로 이어졌고 자립대상교회를 직간접으로 지원해 오던 교회조차도 계속 지원에 차질을 빚게 된 것이다. 무임목사는 자립대상교회 시무목사나 은퇴목사보다도 더 열악한 상황에 처해 있지만 자신을 무임목사라며 드러내거나 도와달라는 애걸조차도 하지 못하고 있는 실정이다. 그들의 사명과 소명은 온데간데없고 무능함과 무력감을 느끼며 자학하고 있다. 자신을 수용할 수 없는 교회와 노회에 대한 서운함과 원망, 나아가 총회조차 자신들에 대한 대책은 전무한 실정에서 좌절과 분노를 가지고 있다. 이러다가 무임 목회자들의 누적된 불만이 어떤 형태로 발전하여 분출될지 알 수 없는 일이다.

최근에 무임목사 문제를 해결하기 위해 총회가 교육목사 제도를 도입하게 된 것은 그나마 다행스럽지만 근본적인 대책이 되기는 어려워 보인다. 우리 모두 어렵고 힘든 상황들이지만 동역자로서의 무임목사들이 가지는 좌절감과 자괴감 앞에 아주 조금이라도 관심을 가지고 다가가야 할 것이다. 실정법만을 들먹이는 냉소적인 언사나 당사자의 자세를 문제 삼는 등의 비판적인 태도는 문제 해결에 도움이 되지 않을뿐더러 주님이 바라시는 바도 아닐 것이다. 우리는 아무 전제없이 함께 아파하고 함께 우는 공감의 동역자가 되길

기도하면서 총회는 이제 그 대책을 강구하고 노회는 무임목
사의 신음소리를 청취하는 계기가 되기를 소망해 본다. 무
임목사 그들은 우리들의 동역자이기 때문이다.

길원옥 할머니의 마음은?

명성교회가 위안부 할머니들의 쉼터로 제공한 마포구 연남동에 위치한 "평화의 우리집"은 아침부터 북적대었다. 지난 8년간 이곳에서 김복동, 이순덕 할머니와 같이 거주해 오신 길원옥 권사님께서 양아드님 댁으로 이사하는 날이기 때문이다. 밖에는 언론사에서 취재차 대기를 하고 있어 긴장감이 감돌았고, 집안 역시 그동안 직간접으로 할머니를 섬기고 관계 해 온 몇몇 분들이 미리부터 와서 아쉬움을 나

---

1   20200706 기독교연합신문 시론

누는 데 마음이 편치 않아 보였다. "아드님 댁으로 이사하니 좋으시겠네요?" 길원옥 권사님께 여쭈어보았다. "좋기는 하지만 여기 그냥 살면 안 되나?"라는 뜻밖의 답이 돌아왔다. 나이 늙어 이사 다니는 것이 좋은 게 아니라는 것이다. 잠시 뒤에 이삿짐 차와 함께 아드님 내외가 도착하였다. 아드님이 길원옥 할머께 "어머니 이제 저희 집으로 가서 같이 살자."고 인사하자 "인생을 잘 산 것도 아닌데 아들이 하자는 대로 해야지 뭐."하셨다. 조금 전에 이사하지 않고 여기서 그냥 살면 안 되느냐고 하셨던 말씀을 거짓말처럼 뒤로하고 아드님을 따라 일어서려고 주섬주섬 옷을 입고 덧신을 신으셨다.

사람에게는 양가감정이 있다는 것은 익히 알고 있지만 어떻게 이렇게 다른 이야기를 아무렇지 않게 하실 수 있을까를 잠시 생각해 보았다. 두 가지의 감정, 두 개의 마음은 파킨슨병을 앓고 계신 길원옥 권사님께도 그대로 나타나고 있었다. 쉼터에서 그냥 살고 싶은 마음과 아드님 댁에 가서 이젠 가족들과 여생을 보내고 싶은 마음, 이 두 마음은 이중적인 모습으로 여과 없이 드러나고 있었다.

이것이 필자가 듣고 본 사실인데 여러 언론사의 취재 내용은 서로 다르게 기사화되었다. 보수진영의 언론들은 자녀들과 비로소 살게 되었다고 보도했다. 한편 진보진영의 언론들은 아드님의 양자 호적과 그동안 어머니 길원옥 권사님으로부터 용돈이라는 명목으로 일정액을 부정기적으로 받아갔다고 보도했다. 언론의 보도는 객관성을 잃으면 안 되는데 그 실상은 어느새 진영에 따라 당파성을 보이는 듯했다. 무엇보다도 이 사안의 중심에 서 있을 역사의 질곡 속 주인공 위안부 할머니, 길원옥 권사님의 편의와 편안함과는 거리가 있는 듯하다. 기구했던 지난날의 아픈 여정을 이해하고 이제 남은 생을 조금이라도 더 행복하게 사시는 길이 어느 길일까를 고민하는 것 같진 않았다.

우리에게는 진영이 있고 편을 갈라 내 편을 정당화하려는 유혹을 받는다. 우리는 그 사람을 좋게 혹은 옳게 보려고 한다. 그러나 사람은 어느 누구도 온전하지 못하다는 것이 성경의 관점이다. 절대와 완전이라는 단어를 쓰고 싶겠지만 하나님 외에는 이 두 단어는 사용해서는 안된다. 이 땅에 발을 딛고 살아가는 모든 사람은 그림자를 가지고 있다. 가까이 가서 살펴보면 결함 없는 사람이 없고 문제없는 사람이 없다. 역사가들은 살아 있는 사람을 좀처럼 평가하지 않는 편이다. 그 이유는 공과가 있기 때문이다. 내 편의 사람들을 공으로 평가하고 다른 편의 사람들을 과로 평가하려 하지만 죄성과 과거로부터 자유로운 사람은 단 한 사람도 없다. 그래서 우리는 모두에게 공과를 같이 보아야 한다. 그리고 우리는 당사자에게 집중해야 한다.

길원옥 할머니와 관련하여 우리는 사심 없이 물어야 한다.

"무엇이 길원옥 할머니를 위하는 것인지?"

그리고 다시 물어야 한다.

"길원옥 할머니의 속마음은 무엇이었을까?"

길원옥 할머니의 여생이 행복하시길 진심으로 바라면서...

김복동 할머니와 민족의 동반자[1]

지난 1월 28일 별세한 김복동 할머니는 나이 열네 살에 군복 만드는 공장에 가는 줄 알고 부산에서 배를 타고 일본으로 건너가 여러 나라에 끌려다니며 '위안부' 생활을 시작했다. "평일에는 15명쯤, 토·일요일에는 셀 수가 없다. 너무 많아서, 한 50명쯤 됐을기라. 씻을 시간도 없이 그렇게 찢기고 패이고, 살점 뜯겨진 채 짐승만도 못한 삶을 견뎌냈다"고 할머니는 말했다. 예순두 살에 '위안부'로서의 삶을 고백했

1   20190211 기독공보 기고

으나 할머니에게 돌아온 것은 가족들의 외면이었다. "내가 나를 찾으려고 하니까 큰언니가 말렸어. 조카들 생각해서라도 제발 가만히 있으라고 했어. 그래도 나를 찾고 싶었어. 예순 두 살에 나를 찾으려고 신고했어. 신고하니 큰언니가 발을 끊었어. 우리 아버지, 엄마 제사 지내주는 조카들까지. 나를 찾고, 더 쓸쓸해졌어." 국가가, 사회가, 교회가 침묵하고 개인의 소중한 삶이 폭력의 역사 속에 묻혀버리도록 방기한 결과다.

1990년 11월 16일 여성운동 차원의 '한국정신대문제대책협의회'를 조직하는데 한국교회여성연합회는 그 산실이 되었다. 1991년 8월 14일 일본군위안부 피해자 중 김학순 할머니(연동교회)는 최초로 공개증언에 나섰고 이듬해인 1992년 1월 8일부터 매주 수요일마다 정오에 일본대사관 앞에서 수요시위를 시작하게 되었다. 이렇게 교회여성연합회의 애정과 관심으로 일본군위안부 문제가 세상에 알려지게 되었다. 그러나 지난 20여 년 동안 일본군위안부 문제는 교회의 관심 밖에 있었다.

2010년 8월 11일 65주년 광복절을 앞두고 제930회 수요시위가 일본대사관 앞에서 열렸다. 증언자로 나선 김복동 할머니(당시 85세)는 "한 번 활짝 피어보지도 못한 수많은 어린 소녀들을 끌고 가 일본군이 성 노예로 짓밟았으니 그토록 아픈 역사를 누가 알겠느냐"며 한 많은 세월을 고백했다. 마침 과거의 아픔을 되돌아보고 평화로운 미래를 준비하기 위한 취지로 준비된 '한국교회 8.15대성회' 관계자들은 이 수요시위에 참석하였고 한국교회 8.15대성회 조직위원회는 "한국교회가 여러분과 함께 문제 해결에 나서겠다"는 약속과 함께 "원통함을 씻는 날이 반드시 올 줄로 믿는다"는 메시지로 할머니들을 위로했다.

2010년 8월 15일 오후 서울광장을 비롯한 전국 81개 도시와 해외 75개 도시에서 기독교인 100만 명이 참석한 대규모 기도성회가 열렸다. 일본군 위안부 피해자인 김복동, 이순덕 할머니는 발언자로 나서 "일본 정부가 아직도 잘못을 사죄하지 않고, 공식 배상에도 나서지 않고 있다. 한국교회가 이 일에 함께해 하루 빨리 문제가 해결될 수 있기를 바란다"며 기독교인들의 지속적인 관심을 당부했다. 이 일을 계기로 명성교회는 새성전 입당기념으로 2012년 3월 마포구 연남동에 지상 2층의 단독주택 65평을 매입(17억원 상당)하여 위안부할머니(고 김복동, 고 이순덕, 길원옥)들의 생활터전('평화의 우리집')을 제공하고 8년째인 현재까지 매월 생활비를 지원해 왔다.

　30여 년 전 교회 여성들의 기도와 관심으로 시작된 일본군 위안부 문제가 다시금 교회의 관심과 참여로 잘 해결되기를 소망해본다. 3.1 운동 100주년을 맞는 올해 우리 교단의 주제가 "영적 부흥으로 민족의 동반자 되게 하소서"이다. 민족의 아픔이었던 위안부 문제는 물론 사회적 약자들의 위로자로, 이 시대의 과제인 민족의 통일에 이르기까지 민족의 동반자 되어 한국사회에 빛과 소금의 사명을 다하는 한국교회 되기를 염원해 본다.

당신 자체가
메시지다.

한자로 믿을 信은 사람의 말을 뜻하는데 이는 믿을만해야 한다는 것이다. 그런데 사람의 말이 믿을 수 없다면 참 불행한 일이 아닐 수 없다. 사람에게 많은 위기가 있겠지만 인간의 진정한 위기는 바로 不信이라고 보았다. 사람이 사람을 믿지 못하여 파생하는 일들 의처증과 의부증을 비롯하여 스승과 제자사이에 목회자와 신도사이에 불신이 주도한다면 그 관계는 병든 관계다. 그런데 사람사이의 불신은 바로 그 사람의 말에서 시작한다는 점이다. 사람의 말이 신뢰를 주기도 하지만 어떤 경우는 의심을 주고 불신을 확대하기도

한다.

안타까운 일이지만 우리가 사는 시대는 불신의 시대라고 할 수 있다. 믿음이란 인생을 거는 것이다. 라틴어로 "나는 믿는다"는 크레도(Credo)라는 단어가 있다. 이 말에는 내 심장을 내어 준다는 뜻이 담겨 있다. 믿음은 심장 곧 내 영혼의 중심을 맡기는 것이다.

> "내가 너희에게 이르노니 속히 그 원한을 풀어 주시리라 그러나 인자가 올 때에 세상에서 믿음을 보겠느냐 하시니라" (눅 18:8)

마지막 때는 믿음을 찾아보기 어려울 것이라는 예견이다.

어떤 대상에 대하여 믿음과 의리를 저버리는 것을 背信이라 한다. 배신은 인생에서 만날 수 있는 잔인하고 고통스러운 경험 중 하나다. 사랑했던 배우자, 믿었던 친구, 존경했던 스승, 아끼던 제자의 관계처럼 배신은 신뢰 관계가 전제된 이들의 뒤통수를 때리는 것이다. 배신하는 상대에 대한 신뢰의 크기가 상처의 크기를 결정한다. 이스라엘의 철학자 아비샤이 마갈릿은 "배신은 두터운 인간관계를 붙인 접착제를 떼어내는 것"이라고 정의한다. 그는 자신의 저서 '배신'

에서 "배신이 성립하려면 그 관계에 상처가 생겨야 한다…오직 심각한 신뢰의 심각한 파괴만이 배신에 해당한다"고 표현했다. 소중하게 여긴 사람의 배신은 그동안 쌓아온 인간의 신뢰 관계를 파괴한다는 것이다. 단테의 '신곡'에서는 지옥을 9층으로 구분해 놓고, 3명의 배신자 유다, 브루투스, 롱기누스를 가장 지독한 지옥에 둔 것을 보아도 배신이 인간사회에서 죄질이 가장 좋지 않음을 암시하고 있다.

성경에는 "거짓선지자들을 삼가라 양의 옷을 입고 너희에게 나아오나 속에는 노략질하는 이리라"(마 7:15)며 말이 아니라 그들의 삶이라며 "그들의 열매로 그들을 알리라"(마 7:20)고 결론을 내리고 있다. 얼마전 한 행사장에서 대통령은 "인권존중, 약자보호를 국정철학"이라고 언급했다. 순간 드는 생각이 정부가 언제 인권을 존중했던가? 현 정부는 약자인 노동자보다는 기업 편을 들어온 것이지 않은가? 이태원 참사의 유가족보다는 관련 책임자들을 옹호해오지 않았던가? 그럼에도 천연덕스럽게도 약자의 인권과 보호를 국정철학이라고 강변하고 있다.

공자가 사람의 진면목을 알아보는 방법으로 "視其所以(시기소이) 觀其所由(관기소유) 察其所安(찰기소안) 人焉廋哉(인언수재)."

가 논어의 위정爲政 편에 언급하고 있다. 그가 하는 바를 보고, 그 행동이 비롯된 이유를 관찰하고, 그 사람이 무엇을 편안해 하는가를 자세히 살펴서 성찰하면, 어찌 그 사람됨이 감춰질 수 있겠는가? 라는 뜻이다. 보는(視) 것은 관찰(觀)하는 것만 못하고, 관찰하는 것은 성찰(察)하느니만 못하다는 의미다. 사람의 행동에는 패턴이 있으므로 그 반복되는 패턴을 관찰하면 왜 그런 행동을 하였는지를 알 수 있고, 그 사람이 어떤 때, 무엇을 좋아하는지를 곰곰이 살펴서 생각해보면 그 사람을 알게 된다는 것이다.

간디에 관한 일화 중에 이런 이야기가 있다. 어떤 사람이 어마어마한 인파를 뚫고 간디에게 다가가 "제가 소중하게 간직하도록 심오한 생각이 담긴 메시지 좀 써주실 수 있으신가요?"라고 쓰인 종이 한 장을 내밀었다. 그러자 간디는 종이를 받아 그 위에 "내 삶이 내 메시지다." (My life is my message.)라고 써주었다. 말은 립서비스로 할 수 있거나 둘러댈 수 있고, 글은 멋지게 표현해 볼 수 있지만 삶은 그렇게 임시적으로 대체할 수 없다. 말이나 글이 아니라 삶 그 자체로 메시지가 된다. 따라서 당신 자체가 바로 메시지이다.

제4부
디아코니아, 섬김과 배려

의 항
아동지원센터
한국교회봉사단

사라진 십자가

　2010년 8월 27일에 개장을 한 인천 송도 센트럴파크 공원 3만여 평의 바이블 엑스포 현장! 성경 내용을 몸으로 직접 체험할 수 있도록 구약관, 신약관, 체험관과 노아의 방주를 비롯하여 바벨탑 등등 성경의 볼거리들을 조형물로 꾸며 놓아 교회의 기대를 모았다. 개장 후 7일 만에 '곤파스'라는 태풍에 모든 조형물이 망가지고 날아가는 사고가 발생했다. 10월 28일 재개장을 하였는데 골고다 언덕 세 개의 십자가

1　20230330 가스펠투데이 엘레오스 원고

가운데, 중앙에 있어야 할 예수님의 십자가가 보이지 않았다. 태풍 피해로 중앙의 예수님이 달리신 십자가가 넘어졌는데 너무 급한 나머지 십자가를 다시 세우지 않고 개장한 것이다. 예산 때문인 것 같기도 하지만 십자가가 사라진 우리 자신과 한국교회를 보는 것 같아 마음이 씁쓸했다.

"원칙 없는 정치, 노동 없는 부, 양심 없는 쾌락, 인격 없는 교육, 도덕 없는 상행위, 인간성 없는 과학, 희생 없는 신앙" 마하트마 간디가 56세 때인 1925년 '청년 인도'라는 신문에 '사회를 병들게 하는 7가지 사회악'이라는 제목으로 기고했던 글인데 지금은 뉴델리의 간디 추모공원 묘역(墓域) 입구의 돌비석에 이를 새겨놓은 기념비가 서 있다. 이 가운데 마지막 <희생 없는 신앙>의 대목에서 희생은 사라지고 내 이익만 챙기려는 교회가 되었다. 우리 입으로만 십자가를 기도하고 찬송하고 설교만 하였다. 손해 보는 십자가의 삶은 사라졌다.

오늘 한국교회 예배당의 십자가 간판은 더 선명해졌지만, 십자가의 삶은 실종되어 잘 보이지 않는다. 사라진 십자가 자리에 성장과 성공이 포진하고 있다. 포기하지 않고 움켜쥐려고만 하고, 내려오지 않고 올라가려고만 하고, 작아지지 않고 커지려고만 하고, 죽지 않고 살려고만 한다. 십자가는 양보하는 것이요, 손해 보는 것이며, 죽는 것인데 말이다. 십자가는 계산하지 않는 것이며, 바보같이 사는 것이며, 좁은 문으로 가는 길이며 궁극적으로 주님의 이름만을 드러내는 것이다. 모든 영광은 주님께 돌리고 수모와 창피는 우리가 달게 받는 것이다. 십자가 없이는 면류관도 없다는 말이 있다. 이 말은 십자가가 있어야 부활도 있다는 것이다. 주님의 부활을 기다리고 염원해도, 선행되어야 할 십자가가 사라졌기 때문에 부활 자체가 성립되지 않는다. 십자가의 죽음이 없으면 부활의 기적은 일어날 수가 없기 때문이다.

'서경'의 무일(無逸)편에 주나라 무왕의 동생인 주공이 조카 성왕에게 통치의 지혜를 전수한 내용 중에 주공의 대표적인 무일사상(無逸思想)이 나온다. "군주는 무일(불편함)에 처해야 한다. 먼저 노동의 어려움을 알고 그다음에 편안함을 취해야 비로소 백성들이 무엇을 의지해 살아가는가를 알게 된다". '무사 안일하지 말고 직접 생산 노동에 임해야 한다.'는 취지의 이 사상은 현재까지도 중국문화를 대변하고 있는데 1957년도 이후 1980년대 문화대혁명기에 대대적으로 실시한 하방운동(下放運動)의 사상적 근거가 바로 무일사상에 기원을 두고 있다. 하방운동은 당 간부와 정부 관료들을 농촌이나 공장에 내려보내 노동하게 하고, 군 간부들을 병사와 같은 내무반에서 생활하게 함으로써 현장을 체험하게 하는 것이다. 지도층의 주관주의와 관료주의를 배격하는 하방운동에 문화혁명 기간 동안 1000만명이 넘는 인원이 참여했다. 중국 공산 사회의 사례라 낯설 수 있지만, 중국에서 실행에 옮긴 하방운동은 다른 말로 아래로 내려가는 운동이다. 교회든 사회든 아래로 내려가지 않으면 희망이 없다.

우리 주님은 이번 사순절에 한국교회를 십자가 아래로 부르신다. 십자가를 지려는 이들에게만 부활의 은총을 주신다. 십자가 다음이 부활로 이어지는 코스임을 명심해야 한다. 우리 직분자의 자리는 말석이요, 제자들의 발을 씻기는 섬김의 지위이니 주어진 권한과 기회를 나누면서 주님만을 높이자. 교인과 지역주민을 시중드는 섬김의 자리가 우리에게 배정된 자리로서 우리를 곤란하고 어색하게 하더라도 불편한 십자가의 초심으로 돌아가자.

같은 처지가 된다는 것

가게주인이 문 앞에다 "강아지 팝니다."라고 써 붙였다. 가게 안을 기웃거리던 한 소년이 물었다. "강아지 한 마리에 얼마씩 팔아요?". "30달러에서 50달러 사이에 판단다." 소년은 주머니를 뒤져 동전 몇 개를 꺼냈다. "지금 저한테는 2달러 37센트밖에 없거든요. 그래도 강아지 좀 구경하면 안 될까쥬?" 가게주인은 미소를 지으며 가게 안쪽을 향해 휘파람을 불었다. 그러자 그의 아내가 털실 뭉치처럼 생긴 강아지 다섯 마리를 가게로 내보냈다. 그런데 한 마리가 다른 강아지들보다 눈에 띄게 뒤처져서 달려왔다. 소년은 얼른 그 절

뚝거리는 강아지를 가리키며 "저 강아지는 어디가 아픈가요?" 가게주인이 대답했다. "이 강아지는 선천적으로 엉덩이 관절에 이상이 있단다. 그래서 평생 절뚝거리며 살 수밖에 없지." 설명을 듣던 소년은 흥분된 얼굴로 말했다. "전 이 강아지를 사고 싶어요." 가게주인이 말했다. "아니다. 불구가 된 강아지를 돈 받고 팔 순 없어. 네가 정말로 강아지를 원한다면 그냥 가져가거라." 소년은 매우 당황했다. 그는 가게주인의 눈을 똑바로 쳐다보며 말했다. "전 이 강아지를 공짜로 가져가고 싶지 않아요. 이 강아지도 다른 강아지들처럼 똑같은 가치를 지닌 강아지예요. 그러니 전부 내겠어요. 사실 지금은 2달러 37센트밖에 없지만, 강아지 값을 다 치를 때까지 매달 5센트씩 가져다드리겠어요." 가게주인은 다시 고개를 가로저었다. "이런 강아지를 너한테 돈 받고 팔 순 없어. 달리지도 못할 뿐 아니라 다른 강아지들처럼 너와 장난을 치며 놀 수도 없단다." 그 말을 듣자 소년을 몸을 숙여 자기가 입고 있는 바지 한쪽을 걷어 올리기 시작했다. 그러고는 금속 교정기로 지탱되고 있는 왼쪽 다리를 가게주인에게 보여 주었다. "저도 한쪽 다리가 불구라서 다른 아이들처럼 달릴 수가 없어요. 그러니 이 강아지에게는 자기를 이해해 줄 사람이 필요할 거예요!" 가게주인은 아무 말도 할 수 없었다. - 댄 클라크의 글로 <내 영혼을 위한 닭고기 수프>에서 인용 -

과부 사정은 과부가 가장 잘 알고, 배고파 본 사람이 배고픈 사람의 형편을 가장 잘 안다고 하지 않았던가? 이와 비슷한 예로 한자에 同舟相救(동주상구)란 말이 있다. 같은 배를 탄 사람끼리 서로 돕는다는 뜻인데, 같은 운명이나 처지에 놓이면 아는 사람이나, 모르는 사람이나, 서로 돕게 됨을 이르는 말이다. 소년이 다리 저는 강아지에 주목하고 그를 선택하게 된 이유는 자신의 처지와 같았기 때문이었을 것이다. 소년의 강아지 사랑은 결코 동정이 아니었다. 그래서 공짜로 얻을 수 있었던 강아지였지만 매달 5센트씩을 오랫동안 갚아야만 하는 번거로운 선택을 기쁨으로 할 수 있었던 것 같다.

'처지'는 처하여 있는 상황을 말하는데 곧 나의 위치나 상태라는 뜻이다. '입장'은 처지와 비슷한 뜻으로 지금 놓여 있는 상황을 말한다. 같은 입장이 되기 위해 같은 위치에 선다는 것이 그래서 중요하다. 웹툰 드라마 '송곳'에 나오는 명대사 "서 있는 데가 바뀌면 풍경도 달라진다."라는 말처럼 내가 서 있는 자리에 따라 보이는 풍경이 다른데 그것은 각도가 달라지기 때문이다. 같은 처지가 되어 봐야 진정한 사랑을 할 수 있기에 하나님이 선택하신 방법은 예수그리스도의 성육신 곧 하나님이신 예수님이 사람의 몸을 입고 땅에 오신 것이다. 10.29 이태원 참사의 유가족들이 들려주는 이야기다. 미안해하는 마음과 위로의 말, 조금은 의도가 보이는 방문보다 더 위로와 힘이 되는 것은 비슷한 처지의 다른 유가족들이라는 것이다. 그들이 그냥 좋고 편하다는 것이다. 굳이 설명하지 않아도 이심전심, 묵시적으로 통하는 같은 처지의 사람들이 가족보다도 더 가깝게 되고, 오래 만난 친구처럼 편한 관계가 되더라는 것이다.

사순절을 지내면서 말씀이 육신이 되셔야만 했던 하나님 사랑이 우리에게 암시하는 것은 무엇일까? 그와 같은 처지가 최선인데 그렇지 못하면 최소한 같은 장소에라도 서 보고 그와 눈높이를 맞추려고 다리라도 구부려 보라는 것이리라.

당사자의 입장 반영이
최고의 섬김입니다[1]

    지난해 코로나로 힘든 시기도 잘 견디어 왔고, 울진과 삼척 산불의 <사랑의 집짓기>와 우크라이나 긴급구호도 한국교회는 관심을 두고 발 빠르게 대처하였다. 10월 29일에 일어난 이태원 참사는 우리 사회의 큰 아픔인데 이에 대해서도 한국교회는 다양한 단체와 기관들이 관심을 보이며 함께해 가고 있다. 상처 입은 이에 관한 관심과 지원에 같이 하는 것은 한국교회의 "우는 자들과 함께 우는" 좋은 전통

---

1   20230102 기독교연합신문 시론

이다.

그러나 여기서 같이 생각해 볼 부분이 있다. 그동안 한국교회 선교행태가 국내든 해외든 일방적인 면이 적지 않았다. 당사자의 처지와 입장 등이 고려되지 않은 채 선교의 주체(?)가 된 교회나 단체에 의해 공격적으로 수행돼 왔다는 점이다. 그런데 이러한 경쟁적인 선교행태가 봉사의 현장에서도 재현되고 있다는 점에서 우려를 낳고 있다.

코로나로 어려운 교회들의 형편이 어떠한지? 무엇이 그들의 진정한 고충인지? 그리고 무엇을 필요로 하는지를 계속 물어야 한다. 울진의 산불피해 현장의 교회들과 피해 주민들의 피해 현황 조사와 피해 주민들의 거주공간에 대한 세세한 욕구들을 파악하는데 시간을 배려하지 못했다. 당사자들이 원하는 가옥의 구조와 실내 인테리어 나아가 그 안에 담을 비품들, 그리고 피해 주민들이 입주할 시기 등을 반영하는데 다소의 아쉬움이 남는다. 무엇보다 중간에서 이일을 같이한 울진 기독교연합회 관계자들의 입장과 그분들의 고민을 반영하는데 게을렀다. 159명의 목숨을 앗아간 10.29 이태원 참사에 대해서도 우리 교계는 많은 관심을 두고 위로 예배와 기도회 등을 개최했다. 위로의 성격으로 진행하는 예배와 행사 가운데 정작 당사자인 유가족들의 입장을 반영하는데 부족하였다. 누구를 위한 위로이며 무엇을 애도함인지 아쉬움이 남는다.

우리가 수행하는 봉사의 내용과 방식이 적절한지를 성찰해야 한다. 대부분의 경우 교회는 교회의 입장이 있고 교회적 정서가 있다. 앞에서 언급한 일방적인 선교의 사례처럼 우리 봉사가 동정을 기초로 한 제공자 중심과 방식에 있어 일방적인 듯하다. 사회복지의 한 통계는 민간 사회복지 영역 중 기독교가 차지하는 비중이 66%나 되지만 일반 국민의 체감도는 실제적인 복지서비스의 양보다 못한 이유를 진지하게 생각해 보아야 한다.

필자가 보기에는 당사자에 대한 고려 문제로 보인다. 우리 교회가 섬기려는 대상과 서비스 내용 그리고 전달 방법과 시기를 제공자 중심으로 하고 있어서 감동이 줄어든다. 당사자 없는 복지, 즉 시혜적인 동정을 베풀고 있다는 점이다. 준비과정도 그렇지만 행사 후 평가과정에서도 당사자는 누락 되고, 제공자 중심의 자축 파티로 마무리되다 보니 당사자의 만족도는 대부분 고려항목에서 제외되어 있다.

조건 없는 섬김의 사랑보다는 제공자인 교회의 홍보와 전도에 비중을 두기 때문에 봉사의 의도를 의심받게 된다. 전달식과 같은 예배와 순서 어디에도 당사자에 대한 배려는 고려되지 않는다. 더욱이나 그 대상이 비기독교인일 때 교회라는 장소가 가져다주는 거부감과 예배라는 순서가 주는 부담감, 나아가 많은 교인 앞에 드러나는 낙인감 그리고 주어지는 선물의 적절성에 대한 검토는 별로 하지 않는다. 많은 섬김을 수행하고도 국민에게 외면받는 것은 당사자를 수혜자로 치부해 일방적으로 수단화하고 있기 때문이다.

2023년 새해에 한국교회가 주목해야 할 이들은 우리 사회 복지 사각지대에 방치된 분들이다. 상시적으로 소외된 취약계층 말이다. 여기에 더할 것은 자연재해든 사회재난이든 원치 않는 피해를 갑자기 본 이웃들이다. 바로 이분들을 찾아 섬김을 실천할 때 제공하는 우리 교회의 입장과 선호하는 방식보다는, 당사자의 욕구를 파악하고 그들이 선호하는 방식을 고려해 맞춤식 봉사로 감동이 배가되길 소망한다.

지도와 감독 대신
지지와 지원을[1]

    교회법이나 교회 관련 단체의 회칙에 자주 등장하는 단어가 지도, 감독이다. 사전적 의미를 보면 지도(指導)는 "남을 어떤 목적이나 방향으로 가르치어 이끎", 감독(監督)은 "어떤 일을 잘못이 없도록 보살펴 단속함"이라고 설명되어 있다. 이 두 단어 <지도 감독>을 같이 사용할 때는 "사회복지 기관의 종사자가 업무를 수행하는데에 지식과 기능을 최대로 활용하고 그 능력을 향상해 효과를 높이기 위하여 원조

---

1   20220718 기독교연합신문 시론

와 지도를 행하는 일"이라고 정의되어 있다. 더불어 익숙하게 들어왔던 단어가 지도·감독권, 집중 지도, 불시 감독 등이었다.

지도와 감독이란 단어가 어색하지 않으면서 자연스럽게 사용되던 시대가 있었다. 유교적 영향으로 권위주의의 질서 체계가 사회 전반에 편만할 때 교회는 많은 영역에서 사회를 계몽적으로 이끌어야 하는 책무가 있었다. 선교 초기의 교육현장과 의료현장, 한국전쟁 이후의 복지현장, 경제개발 시대의 반인권 현장과 민주화운동의 현장은 더욱 그래왔다. 그래서인지 지난 시절 한국교회의 목회자는 교인들과 사회를 향해 일깨우는 설교를 중심으로 해왔고, 시대를 향도하는 교회사역의 다양한 프로그램으로 수행되기도 했다.

대한민국은 후진국과 개발도상국의 경제개발 시대에 허리띠 졸라매며 산업화를 이루어냈다. 산업화로 유보된 민주의 가치를 우리 교회와 많은 젊은이의 피 흘림과 옥고를 제물로 절차적 민주주의를 어느 정도 이루게 되었다. 경제적 발전을 바탕으로 민주화를 축적해 온 대한민국은 미디어의 비약적 발전과 참여 민주주의의 시대를 살아가는 오늘 지도와 감독이란 용어는 그 유통기한을 넘기고 말았다. 요즘 말로 꼰대(?)들이나 사용하는 구시대적 용어가 된 것이다. 사회는 빠르게 앞서가는데 교회의 권위적인 지도와 감독이란 용어는 다음 세대들에게 불편함을 주고 있어 청산해야 하는 용어가 되었다.

시대적인 변화에 발맞춤인지 몰라도 유럽의 사회복지법 체계에서는 <지도와 감독> 대신 <지지와 지원>이라는 용어가 사용되고 있다. 사전적 의미로 "지지(支持)는 찬동하여 도와서 힘을 쓰다"와 "지원(支援)은 지지하여 도움"으로 정의되어 있다. 지지가 주로 정서적인 면을 강조한다면 지원은 물질적인 면에 방점을 두고 있다고 할 수 있겠다. 고도의 산업화, 민주화, 정보화 시대를 살아가는 오늘날 우리가 사용할 단어와 태도는 바로 지지와 지원이다. 사회적 흐름도 그렇지만 교회가 추구해야 할 가치가 바로 지지와 지원이다. 성서엔 고아와 과부, 그리고 나그네를 잘 돌보는 것과 경건은 깊은 관련이 있다고 증언하고 있다. 이 시대를 같이 살아가는 사회적 약자들을 배제하지 않고 정서적으로 지지만 보내줘도 그들은 숨을 쉴 수 있다. 그렇게 지지를 하다 보면 자연스럽게 물질을 지원하게 되고 그러한 지원이 하나의 여론이 되면 제도적인 관습으로까지 이어질 것이다. 지난날 한국교회는 사회복지가 제도적으로 자리 잡기 전 노인과 어린이, 그리고 장애인들을 돌보아 온 자랑스러운 전통이 있었다. 고단한 인생을 살아가는 이들이 한국교회를 도피성으로 여기어 문을 두드릴 때 한국교회는 바로 품을 내주어야 한다. 이때 우리가 보여주어야 할 자세가 바로 무조건적인 지지다.

정혜신 박사는 그의 저서 "당신이 옳다"에서 진정한 관계를 위해 '충조평판(충고, 조언, 평가, 판단)'을 하지 말아야 한다고 강조한다. "충조평판'의 다른 말은 '바른말'이다. 바른말은 의외로 폭력적이다. 나는 욕설에 찔려 넘어진 사람보다 바른말에 찔려 쓰러진 사람을 훨씬 더 많이 봤다." 욥이 당하는 고통의 원인과 해결책에 대해 욥의 세 친구는 '바른말'을 한다며 충조평판을 했다. 그들의 충조평판은 욥의 마음에 오히려 상처를 줬다. 예수님께서 인간의 몸을 입으시고 이 땅에 오셔서 하신 일은 <지도와 감독>이 아니라 우리의 슬픔과 고통을 친히 겪으시며 온전하게 <지지와 지원>으로 공감해 주신 것이다.

교인을 위한 교회,
사회를 위한 교회[1]

    '소와 사자의 사랑 이야기'에서 소는 사자에게 맛있는 '풀'을, 사자는 소에게 맛있는 '고기'를 정성껏 제공해 주었다. 그렇지만 둘은 결국 헤어졌다. 상대를 잘 몰랐고 상대에게 맞추지 못했던 것이다. 내가 좋아하면 남도 좋아할 것이라는 다소 일방적인 사랑은 비극으로 끝날 수도 있음을 시사한다. 선의로 시작하고 최선을 다했지만 슬픔으로 귀결되었다. 애정과 선의만으로 부족하다. 지옥으로 가는 길은 늘 선의

---

1   20220110 기독교연합신문 시론

로 포장되어 있다고 하지 않던가? 입장이 같지 않을 때 나타나는 이 안타까움을 웃픈(?) 이야기로만 치부해 버릴 수 없다.

코로나 사태가 장기화하면서 우리 교계는 물론 우리 사회의 피로감은 높아져 있다. 피곤하지 않고 여유가 있으면 웃으며 넘어갈 일도 정색하고 심하게 경계한다. 교회와 사회, 진보와 보수, 남한과 북한, 우리는 과연 어떻게 대하고 있을까? 오래전 통일 교육의 강사가 "통일을 지향하면 무엇이 같은가를 찾고 분단을 지향하면 무엇이 다른가를 찾는다."라고 누차 강조하였다. 서로 다른 둘 사이에서 같은 것을 찾아내는가, 아니면 서로 다른 것을 찾아내는가? 많은 결점과 흠결을 본성처럼 가지고 살아가는 개인이든 집단이든 인간은 온전하지 못하다. 따라서 우리에게서는 같은 것을 찾고자 하면 같은 것이 나오고 다른 것을 찾고자 하면 얼마든지 다른 것이 나오게 되어 있다. 성경에서조차 우리가 원하는 구절들을 얼마든지 찾아낼 수 있다. 그렇다면 우리는 과연 무엇을 찾고 싶은가를 거꾸로 물어보자.

최근의 여러 조사에서 한국의 기독교, 교회에 대한 국민의 비호감이 다른 종교보다 높다고 발표된다. 더 놀라운 것은 다른 종교와의 비교 이전에 우리 교회에 대한 교인 자신의 인식이 부정적이라는 점이다. 이는 우리 스스로 자신이 없다는 것이고, 교회에 대한 긍지가 사라졌다는 것이다. 얼마 전 한 목사께서 쓰신 칼럼에 발상의 전환을 하자면서 "교회를 위한 교인에서 교인을 위한 교회로 전환하자"라고 하는 데 많이 공감되었다. 그동안 우리 교회는 교회를 위해서 교인들의 헌신과 충성을 요구해 왔다. 나와 같은 목회자라면 더욱 교회 중심의 신앙과 교회 우선의 헌신을 강조해 온 것이다. 우리 삶에서 가장 중요한 교회를 우선순위에 놓고 교회를 중심으로 신앙생활 해 온 것인데 어떻게 비호감의 산실이 된 것일까? 그토록 중요한 주님의 교회로 믿고 최선을 다해 헌신하고 충성한 교인들의 노고는 온데간데없고 비호감의 대상이 되고 만 것이다. 이제 우리는 교회를 향한 충성 못지않게 우리 교회가 교인들을 위한 교회였던가를 되물어야 할 지점에 와 있다. 자칫 그때의 교회가 목회자로 치환되는 것은 아니었을까? 그리고 가정과 사회보다는 교회라는 공간 속에 교인들을 묶어두는 결과로 발전하지 않았는지를 성찰해 보아야 하겠다.

기본적으로 교회는 선교적 공동체다. 또한 교회는 이타적 공동체이다. 교회는 내가 중심이 아니라 나는 너에게로 향하고 상대에게 나를 맞추며 궁극적으로 구원에 이르게 하는 사명이 있다. 하늘의 선민이라는 유대인들의 폐쇄성은 성육신하신 주님의 표현방식을 안타깝게도 수용할 수 없었다. 민족 복음화의 열정으로 가득한 한국교회가 한국 땅, 그것도 코로나로 피로감 짙은 우리 국민을 관용해내지 못한다면 21세기 유대교에 지나지 않을 수도 있다. 모세나 바울의 고백처럼 차라리 내가 버림을 받더라도 우리 민족은, 우리 국민은 구원에 이르러야 한다는 다짐이 되어야만 한다. 언제부터인지 한국교회의 문법과 우리 사회 정서 사이의 틈이 너무 크다. 우리는 전도를 말하고 영혼 구원을 소리 높여 말하지만 지치고 힘든 국민의 기쁜 소식이 되지 못하고 있다. 사람의 고충과 신음을 경청하며 공감하기 위해 땅으로 내려오신 주님을 따라 내려가야 한다. 그것은 다름이 아니라 같음을 찾으며, 교회를 위한 교인에서 교인을 위한 교회로, 사회를 섬기는 교회로 거듭나야만 할 것이다.

상대가 무엇을 원하는지
묻고 또 묻는 돌봄[1]

"윌, 뭘 해드릴까요?" "베개가 불편하네요." "어떻게 하면 되지요?" "내 머릿밑에 손을 넣고 목을 천천히 들어요." 2016년 티아 샤록 감독의 <미 비포 유>영화에 나오는 대사다. 전신마비 환자 윌의 간병을 맡은 루이자는 묻고 또 묻는다. 무엇이 필요한지와 그것을 어떻게 하면 되는지 그리고 원하는 대로 잘 됐는지를 거듭 묻는다. 간병인 루이자가 의도하고 생각하는 병간호가 아니라 환자인 윌이 원하는 내용

---

1   20210906 기독교연합신문 시론

과 방법을 들으며 월의 필요에 따라 궁극적으로 월의 만족에 이르게 한다. 제목 'Me before you'의 의미에 대해 'Who I was before I met you' '당신을 만나기 전의 나'라는 뜻이지만 영화를 보고 나서는 '당신을 만난 후의 나' 곧 상대의 욕구에 자신을 맞춰 나가는 것이 진정한 돌봄임을 증언해 주고 있다.

아프가니스탄의 한국 정부 협력자들과 가족들이 지난주 입국하여 충북 진천의 인재개발원에서 자가격리에 들어갔다. 한국 교계는 2007년 한국인 피랍사태로 인한 아픔, 여행금지 국가 선정, 선교사역 상 여러 제약이 많은 나라로 조금은 불편하게 인식하고 있다. 그리고 이 사건은 한국 해외 선교를 크게 위축시키기도 하였다. 그런데도 391명의 협력자를 혐오의 시선이 아니라 사랑과 포용해야 할 대상으로 여겨 환영하는 진천의 기독교계와 이들을 환대하려는 한국교회를 보면서 불행 중 다행이라는 생각이 든다. 아프간의 예를 들어 설명하고 있지만 어디 아프간뿐이겠는가? 얼마 전 두 번째 강진으로 피해를 본 중남미 진흙 쿠키의 나라 아이티도 그렇고, 내전으로 홍역이 이어지고 있는 미얀마도 그럴 것이다. 한국교회가 우는 자들과 함께하려는 크고 작은 움직임들은 고무적인 일임이 분명하다. 그렇지만 제공자인 한국교회의 익숙한 문법대로 하면 곤란하다는 점을 같이 공유하고 싶다. 이러한 나눔은 해외에만 해당한 것이 아니라 국내의 소외된 이웃을 향한 섬김에도 적용되어야 마땅하다.

제공자가 원하는 식의 후원내용과 방법은 지양되어야 한다. 아프간의 조력자들 역시 그들의 현황과 그들이 필요로 하는 것들이 어떤 부분인지를 가장 먼저 묻고 계속 물어가야 한다. 제공자들이 동정하는 마음을 가지고 일방적으로 지원의 내용을 정하고 지원의 시기와 방법을 정하여 수혜자들을 객체화시키는 일은 한국교회가 시정 해 가야 할 과제이다. 먼저 제공자와 수혜자 간에 많은 대화가 필요하다. 아울러 포괄적이고 보편적인 당위로는 부족하기에 세분화하고 구체적으로 상대의 욕구에 맞춤식 서비스를 제공해야 한다.

아프간 협력자들 79가정 391명 중 어린이들이 50%에 가깝기에 어린이 교육이 필요한 것이 사실이고, 그들이 한국사회에 정착하여 살아가기 위해 직업이 필요하고, 그들이 머물 주거공간이 필요한 것이 사실이지만 그러한 지극히 일반

화한 그들의 필요를 제공자 중심의 잣대로 재단해서는 안 된다. 그들의 손을 잡을 때 그들의 보편적인 필요뿐만 아니라 그들의 문화적 정서까지 촘촘히 배려할 때 나눔과 섬김은 감동이 된다. 제공자 중심의 편의성과 수월성만을 앞세워 일반화시켜 돕는다면 주고도 욕을 먹게 된다는 점을 간과해서는 안 된다.

우리 주님 역시 병자와 귀신들린 사람들에게 다가가 먼저 물어보셨다. "내가 무엇을 하여 주기를 원하느냐?"고 말이다. 의례적으로 한 두 번 묻고 마는 성의 표시가 아니라 영화 <미 비포 유>의 루이자처럼 우리는 묻고 또 물어야 한다. 어느 교회에서는 성탄절을 앞두고 지역사회 돌봄이 필요한 어린이들에게 무엇을 갖고 싶은지 사전에 조사하여 그들의 선물을 개별로 준비하였다. 개별적인 선물이 되다 보니 가격도 구매도 포장도 제각각이어서 번거롭기까지 했지만, 어린이들의 환호에 앞의 불편함은 다 사라졌다고 한다. 감동은 묻고 또 물어 수혜자의 만족에까지 이르도록 하는 것이다. 받는 사람의 기쁨과 행복을 염두에 두고 말이다.

섬김은 명분과 같은 대의가 아니라 세심한 맞춤의 배려가 주님의 마음이리라⋯⋯.

한국교회의
마을주민 지킴이[1]

　지난 11월 4일 서울 성북구의 한 다세대주택에서 70대 어머니와 함께 살던 40대 미혼 딸 3명이 숨진 채 발견되는 사고가 보도 되었다. 네 모녀는 기초생활수급 대상이 될 만큼 빈곤층이거나 장애우 등의 복지지원대상이 아니었는데, 가계가 갑자기 기울면서 네 모녀가 극단적인 선택을 한 것으로 추정되고 있다.

　2014년 송파 세 모녀 사건, 지난 7월 탈북 모자 아사 사

1　20191108 가스펠투데이 디아코니아 원고

건 등 국민소득 3만불 시대에 상상도 할 수 없는 안타까운 일들이 대한민국의 수도 서울에서 벌어진 것이다. 국민의 한 사람으로, 아니 목사로서 무거운 사회적이고 도의적인 책임감을 느낀다.

복지사각지대 해소는 우리나라 복지제도의 가장 핵심 주제 중 하나이다. 복지사각지대에 해당하는 사람들이 저소득층, 비정규직, 자영업자 이런 분들에게 집중되어 있다. 당시 송파구에만 720여개의 교회가 있었는데 이들 교회가 교인을 돌보듯 지역사회를 돌본다면 비극의 재발을 줄일 수 있지 않았을까?

충북 괴산군 청천면은 복지수요에 대응하고 촘촘한 사회적 통합안전망 구축을 위해 청천면 지역사회보장협의체와 경아 두마리 치킨점, 명사십리, 복음의원, 송면교회, 청천대림 한의원 등 6개 민관단체가 참여하는 협약식이 지난달에 있었다. 이날 협약을 통해 경아 두 마리치킨 청천점은 매달 치킨 4마리를 저소득층 가구에 무료로 배달해주고, 명사십리는 저소득 계층에 밑반찬을 정기적으로 제공하고, 복음의원은 취약계층 주민들에게 영양제 주사액을 제공하고, 청천대림 한의원은 기력회복 탕약을 취약계층에 전달한다. 송면교회는 청천면 55개 경로당에 지팡이와 옥수수 튀밥을 제공하고 위기 가구가 발견되면 맞춤형 복지팀과 연계하는 역할을 수행한다.

공공복지가 가진 전달체계의 미숙을 반성하면서 민관체계의 취약 부분을 강화하되 정부와 민간이 협치를 하여야 한다. 집합적인 영향력(Collective Impact)을 말하는데 지역사회의 다양한 단체나 조직들이 연대해 문제 해결을 위해 함께 노력하는 것이다.

전국에 산재한 단일 개체수로 많은 경우가 66,046개의 경로당인데 이보다 더 많은 6~8만여개로 추정되는 교회는 마을마다 존재하는 마을교회라는 강점을 갖고 있다. 사찰이나 성당과는 비교할 수 없다. 마을에 위치한 교회들이 교인들의 안부만 묻는 것이 아니라 지역주민의 안부를 묻고 애경사를 챙겨간다면 교회는 마을주민의 섬김이로 칭송받게 될 것이다. 구역이나 속회 보고시 참석자와 헌금 등 교인들의 상황만 아니라 권역내 마을 주민의 상황을 파악하여 보고하고 필요한 주민들을 찾아 돌보는 것이다. 국가가 못하는 복지의 사각지대에 관심 갖고, 지역 공동체가 연대하는데 구심점이 될 때 교회의 복지적인 역할은 커

지고 사회적인 공신력을 획득할 수 있을 것이다. 무엇보다
주님이 기뻐하실 일이다.

진영의 논리로
보이지 않는 주님[1]

　<이상한 나라의 앨리스>에서 이상한 나라에서 탈출하려 애쓰는 앨리스가 체셔 고양이를 만나 묻는다. "실례지만 여기서 어느 길로 가야 하니?" 고양이가 대답한다. "그건 네 목적지가 어디인가에 달려 있어!" "나는 목적지가 어디든 상관없어." "목적지가 없다면 어느 길로 가도 상관없어."

　얼마 전 영국인 청년이 '한국 정치는 이상하다'라고 표

1　20181222 기독교연합신문 시론

현을 했다. 진정한 의미의 진보도 보수도 아니면서 기이하게 좌우 진영 논리가 모든 정치적 아젠다를 집어삼켜 합리적인 중도가 설 자리가 없는 나라라는 의미였다. 대한민국이 진영논리의 굴레에 빠져 헤어나오지 못하고 있다. 정치는 말할 것 없고 사회문화 영역에서 진영논리는 모든 논리를 압도하는데 이 진영논리의 병폐는 기독교계에도 그대로 투영되고 있다. 진영논리의 사전적 의미는 '그 대상이 어떤 진영에 속해 있는가'를 다른것보다 우선시하여 결론을 내리는 논리를 뜻한다. 자신의 진영에 속한 이념에 따라 타인의 해석이나 성향을 무조건 배척하고 폄하하는 행동을 의미한다.

상담학자들의 말을 빌리면 자기성찰이 부족한 사람일수록 흑백논리에 빠지기 쉽다고 한다. 실제로 자기성찰이 무엇인지를 잘 이해하지 못하고 능력이 부족한 사람일수록 자신보다는 타인에 대해서 엄격한 기준을 가지고 있음을 보게 된다. 그런데 더 두려운 것은 개인적인 것이 집단화되고, 아예 그것이 집단적 광기로까지 발전되어 상대를 재단해 버릴 때이다. 진영논리의 늪에 빠진 교회를 구하기 위해서는 서로 상대방의 의견과 주장에 귀를 기울이는 자세가 필요하다. 특히 자신과 다른 입장을 가진 상대를 적으로 여기지 않고 단지 의견이 다른 공동체의 구성원일 뿐이라는 인식의 전환이 절실하다. 성경의 진리에 본질적으로 다가서지 못하고 하나님의 기준에 위배되는 것을 제외하고는 '틀린 것'과 '바른 것'은 결코 계량적 수치에 의해서 결정되어서는 안된다.

어느 목사님이 사순절에 십자가의 길(비아 돌로로사)을 걸으며 주님께 기도하였다. 14처소를 도는 동안 주님의 말씀을 듣게 해달라고 말이다. 예수가 십자가를 지고 가다 쓰러진 3, 7, 9지점을 지나는데도 말씀이 들려오지 않자 초조해지기 시작하였다. 그 사이에 주님의 "나를 따르라"는 말씀이 문득 떠오르나 그냥 지나친다. 구레네 시몬이 십자가를 대신 짊어진 곳과 예수가 "예루살렘의 딸들아, 나를 위하여 울지 말고 너희 자녀를 위하여 울라"고 했던 곳을 지나는데 또 "나를 따르라"는 말씀이 뇌리를 스치지만 주님께 더 멋진 말씀 임팩트 있는 말씀을 주문을 하게 되었다. 그러자 주님이 호통을 치셨다. "왜 나보다 앞서가는 것이냐?"고 말이다. 주님은 오늘도 "십자가를 지고 나를 따르라"고 말씀하시지만 내가 듣고 싶은 말씀만을 들으려고 더 근사한 말씀을 만들고 있는 자신을 보면서 한없이 부끄러웠다는 목사님이 그립다. 주님을 따르기 보다 주님 보다 앞서가는 것은 아닌지? 우리보다 우리 주장보다 주님은 무엇이라 말씀하시는지를 들으며 주님을 따르는 제자가 그리운 대림절이다.

심판관보다는
구원자가 필요한 세상

　'살림'의 사전적 의미는 '한 집안이나 국가, 단체 따위를 이루어 살아가는 것'

　2011년 동일본 대지진 때의 일이다. 우리나라 일본군 위안부 할머니들을 돕던 중 지진현장에서 극적으로 구출된 송신도 할머니를 지원하는 일로 일본 여성단체를 찾게 되었다. 그런데 여성 시민운동을 하는 분으로부터 한 충격적인 이야기를 들었다. 그것은 지진이재민들의 대피소에서 벌어지는

1　20180913 가스펠투데이

아동성폭행에 관한 것인데 자국의 이미지 때문에 언론이 통제된다는 것이다. 한 가족 한 국가라는 지체의식이 일본을 그렇게 만든 것이라고 여겨지지만 목소리에 힘을 주어 그래서야 일본이 일류국가가 되겠느냐고 항변했던 일이 기억 난다.

최근에 중독회복과 관련된 일을 하면서 지역교회에서 사용하기 좋은 사례중심으로 가이드 북을 준비 중이다. 그런데 필진으로 참여하는 한 분이 요즘 뉴스에 오르내리는 교회와 우리 기관이 연관되어 있다며 집필자로 준비해 오던 분이 필진에서 빠지겠다 하여 무척 난망하였다. 알코올중독 회복에 주류협회가 재정을 지원하고, 도박중독 회복에 강원랜드가 재정을 지원하는 아이러니한 구조를 알고 있는 필자로서는 딜레마였다. 그렇게 생각할 수도 있겠다 싶으면서도 마음을 무겁게 누르는 무엇이 있었다. 특별히 사회복지 분야에서의 재정지원과 관련된 분야에 종사하는 이들의 자원봉사를 얼마나 어떻게 수용해야 하는지에 대한 고민이 생긴 것이다.

중독회복에 몸담아 힘겹게 사역하는 분들의 말에 의하면 우리 교회가 중독자들을 품기보다는 불편해하거나 거북하게 여기는 경향이 강하다는 것이다. 그래서 긍휼함으로 구원하시는 주님의 모습보다는 재판관이 되어 심판하시는 주님을 이미지화하고 있다는 것이다.

페스탈로치가 사람들이 악해서 범죄 하기보다 약해서 범죄 한다는 말의 의미를 되새기면 좋을듯하다. 우리가 알고 있는 대단한 사람들조차 가까이 접해보면 얼마나 소심하고 피해의식을 많이 갖고 있는지 모른다. 우리 모두는 피해자라고 느끼고 있지만 정작 내가 가해자가 되고 있다는 생각을 하지 않거나 못하고 있다. 우리는 온전하지 못하고 결점과 한계를 가진 존재다. 성서는 이런 존재를 종합적으로 죄인으로서의 인간이라고 표현하고 있다. 그리고 주님은 이런 한계를 가진 존재를 심판이 아니라 긍휼함을 가지고 구원자로 오신 것이다. 다시 말해 죄인을 살리러 오신 것이다. 그래서 주님의 구원은 한마디로 <살림>이다. '살림'의 사전적 의미는 '한 집안이나 국가, 단체 따위를 이루어 살아가는 것'이다. 그래서 '살림을 잘 한다'는 건 '잘 경영한다'는 말이 되고 '더 이롭게 한다' 는 뜻도 있다. '살림'은 '살리다'라는 동사의 명사형이다. 그래서 그 안에는 둘 이상의 관계가 있다. '서로 간에 살고 살리는' 살림의 '관계', 살림의 '영성'이 담겨져 있다. 우리 모두는 주님을 머리로 한 지체이건만 언제부터인가 우리는 지체됨을 포기하고 해체된 가정과 같이 돌을 던진다. 우리는 어떻게 되어도 좋은 남이 아니고 오늘의 아픔을 우리 모두 함께 품고 가야 할 우리 형제요 자매요 내팽개칠 수 없는 가족이기 때문이다.

디아코니아의 바탕은
긍휼함

주님이 병자를 치유하고 귀신을 좇아내며 하나님 나라를 가르칠 때 가진 한결같은 마음이 있다면 그것은 긍휼히 여김과 불쌍히 여김일 것이다. 긍휼이라는 단어는 여성의 '자궁'을 뜻하는 히브리말에서 파생된 단어로 태중에 있는 자식을 향한 어머니의 마음을 의미했다.

탈무드에 나오는 긍휼에 관한 '낫' 이야기다. 어느 아버지가 이웃에 낫을 빌리러 갔다. 이웃은 낫을 빌려주지 않았다.

---

1   20180717 가스펠투데이 원고

며칠이 지나 이번엔 그 이웃이 낫을 빌리러 왔다. 아버지는 두 말 없이 낫을 찾아서 빌려주었다. 보고 있던 아들이 아버지에게 물었다. "아버지, 저들은 낫을 빌려주지 않았는데 아버지는 왜 빌려주시는 거지요?" 그때 아버지는 말했다.

"그가 낫을 안 빌려줬다고 나도 안 빌려주는 것은 복수다. 빌려주면서 원망하고 툴툴거리면 그것은 증오다. 그러나 그가 낫을 빌려주지 않은 것을 까맣게 잊고 낫을 빌려주면 이를 긍휼이라고 한다."

이 긍휼이 주님의 마음이다. 주님으로부터 받은 긍휼을 당연히 우리의 이웃들에게 나누어야 한다. 비를 맞고 있는 사람에게 우산을 씌워주고 우산이 없다면 같이 비를 맞는 자세로 말이다. 우리 주님과 서기관, 바리새인의 다름은 바로 이 긍휼함이었다. 그들은 교회생활에 충실하여 기도도 헌금도 성구암송도 금식도 율법준수도 철저히 하였다. 그러나 주님이 그들을 책망하신 이유는 그들에게 긍휼함이 없었다는 점이다. 백성들을 가르치고 판단하려고는 하였지만 사람에 대한 측은지심의 긍휼함이 없었던 것이다.

교회의 섬김 사역이 주님의 긍휼하심을 가장 많이 닮았다. 차별성이 있는 근사한 사업계획, 많은 예산의 선물, 봉

사자들의 보람, 좋은 이미지의 교회홍보와 훌륭한 사업평
가를 할 수 있었다 하더라도 서비스를 받은 대상자의 기쁨
과 만족이 없다면 그것은 긍휼한 주님의 마음이 누락된 것
임에 분명하다. 우리 주님은 병을 고쳐 주시면서도 먼저 병
이 낫기를 원하는지를 물으셨고 치유하고도 네 믿음이 너를
고쳤다고 상대의 자존감을 높여 주셨다. 긍휼을 수행한 주
님 자신이 중심이 아니라 약하디 약한 사람이 주님의 관심
사였다. 오늘날 교회의 섬김 사역이 다양하게 많이 이루어
지지만 좋은 평가로 이어지지 못하는 데는 상대를 향한 긍
휼함은 빠지고 제공자의 다른 의도인 교회의 홍보나 전도를
위한 수단으로 봉사하기 때문은 아닌지 돌아보아야 할 것이
다. 이 주님의 긍휼하심이 우리 섬김 사역의 기본이 되고 방
법이 되며, 평가의 기준이 되어야만 우리의 섬김은 빛이 날
것이다. 그래야만 교회에 유익이 되고 주님도 기뻐하시고 영
광을 받으실 것이다. "내가 긍휼을 원하고 제사를 원치 아니
하노라 하신 뜻이 무엇인지 배우라."(마 9:13) 예배 이전에 긍
휼을 원하시는 주님이시다.

수요자 중심의
디아코니아

　　지금까지 교회의 선교 활동은 대체로 선포자 중심이었
다. 복음의 씨에 대한 자긍심으로 복음의 씨앗이 떨어져
열매를 맺게 될 밭에 대해서는 깊이 생각하지 아니해왔다.
우리가 이렇게 좋은 것을 갖고 있으니 와보라는 식이었다.
지역사회를 섬긴다는 명분과 가지고 있는 공간과 인프라
로 일방적으로 카페를 만들어 온 것이다. 지역사회가 무엇
을 원하는지 소통하고 파악하고 그것을 바탕으로 끊임없

1　20180515 가스펠투데이 원고

이 지역과 소통하는 교회를 지역사회는 요청하는데 말이다.

이러한 선교의 체질은 디아코니아 영역에도 그대로 반영되었다. 먹을 것을 비롯하여 필요한 것을 제공하는 섬김 사역에서 가진 것을 베푸는 시혜자와 베풂을 받으며 감사하는 수혜자로 상하관계가 형성되어 왔던 것이다. 조금은 일방적으로 수직적으로 자선과 동정을 베풀어 온 것이었다.

지난해 성탄절에 필자와 관련된 다문화어린이들에게 성탄절에 받고 싶은 선물을 조사하였더니 천차만별이었다. 특히 돈의 크기가 너무 달라 아이들에게 5만원이라는 돈의 크기에 맞출 것을 제안하니 돈의 크기보다는 자신들이 가지고 싶은 선물이 더욱 중요한 기준이라는 것이었다.

어느 노인복지시설에서는 영화 관람을 하는데 같은 영화를 단체로 관람하는게 아니라 보고 싶은 영화를 선택하도록 하고 있었다. 욕구를 파악하는 번거로운 과정, 많은 인력과 경비가 소요되는 것이 사실이지만 행복의 선택권을 당사자에게 돌려주려는 의도였다.

우리 주님은 하나님이시면서 이 땅에 내려 오셨다. 하나님이 사람이 되시어 주님을 필요로 하는 이들을 찾아오셨듯이 성육신의 영성은 오라고 하지 않고 찾아가서 그들의 입장이 돼야 하는지를 생각하게 한다. 아울러 우리 주님은 병자에게 "네가 낫고자 하느냐?"고 물어보셨다. 병자니까 마땅히 낫기를 원할 것이라 여겨 시혜적으로 치유하여 주지 않으셨다. 가난하고 배우지 못하고 자기표현을 잘하지 못하는 경우라도 그들의 입장과 그들의 욕구를 경청하시고 각각의 맞춤식으로 섬기신 것이다.

　제공자(교회나 신자) 중심에서 수요자 중심으로 기본 틀을 교정해보자. 수요자 중심의 디아코니아란 수요자의 입장을 먼저 생각하고 그들의 처지와 눈높이에 맞춰 다가가 필요를 채우고 그들의 정서적 만족을 느끼게 하는 것을 말한다. 이는 작은이에 대한 맞춤 서비스 곧 수요자의 욕구를 최우선 하도록 하고 우리가 하는 일은 그들의 필요를 일부 보충한다는 겸손함이 필요하다. 만나는 시간도 주는 선물도 아니 그들의 자존심은 물론 명예까지도 배려해야 된다는 말이다. 우리 주님은 먼저 찾아가셔서 말을 먼저 거셨고 먼저 손을 내미신 것을 오늘의 우리도 닮아가야 할 것이다. 청소년복지의 대명사인 돈 보스꼬는 이런 말을 한다.

"청소년을 사랑하는 것으로 부족하다. 그 청소년이 사랑을 느끼게 해야 한다."

강아지 똥과
뿌리의 발견

"넌 똥 중에서도 가장 더러운 개똥이야!"

날아가던 참새에게도, 소달구지 바큇자국에서 뒹굴던 흙 덩이에도 더럽다고 놀림당하는 강아지똥. 봄비가 내리던 어느 날, 강아지똥 앞에는 파란 민들레 싹이 돋아났다.

"너는 뭐니?"

강아지똥이 물었다.

"난 예쁜 꽃을 피우는 민들레야."

1   20170727 기독공보 논설위원 칼럼

강아지똥이 다시 물었다.

"얼마만큼 예쁘니?"

민들레는

"방실방실 빛나. 하느님이 비를 내려주시고 따뜻한 햇볕을 쬐어 주시기 때문이야"

라고 말했다.

강아지똥은 민들레가 부러워 한숨이 나왔다.

"그런데 한 가지 꼭 필요한 게 있어."

민들레가 강아지똥을 보며 말했다.

"네가 거름이 돼 줘야 한단다."

그러자 강아지똥은 놀라며

"내가 거름이 되다니"

라고 말했다.

"네 몸뚱이를 고스란히 녹여 내 몸속으로 들어와야 해. 그래야만 별처럼 고운 꽃이 핀단다."

그 말을 들은 강아지똥은 얼마나 기뻤던지 민들레 싹을 힘껏 껴안아 버렸다. 비는 사흘 동안 내렸고, 강아지똥은 온몸이 비에 맞아 자디잘게 부서졌다. 부서진 채 땅속으로 스며들어 민들레 뿌리로 모였다. 그리고 줄기를 타고 올라가

꽃봉오리를 맺었다.

　1996년 처음 출간돼 오랜 세월 아이부터 어른에 이르기까지 큰 사랑을 받아온 《강아지똥》이 작가 권정생의 추모 10주기를 맞아 재출간됐다. 《강아지똥》은 모든 것이 서로 연결되어 있음을 이야기하고 있다. 강아지똥이 없었다면 민들레는 그렇게 예쁜 꽃을 피우지 못했을 것이다. 민들레는 홀로 존재하는 것이 아니라, 비와 햇빛 강아지똥이 있었기에 존재하는 것이다.

　권정생작가와 남다른 교분을 가진 이현주목사의 《뿌리가 나무에게》에서 뿌리와 나무를 이렇게 표현하고 있다.

"네가 여린 싹으로 터서 땅 속 어둠을 뚫고 태양을 향해 마침내 위로 오를 때 나는 오직 아래로 − 아래로 눈 먼 손 뻗어 어둠 헤치며 내려만 갔다. …네가 드디어 꽃을 피우고 춤추는 나비 벌과 삶을 희롱할 때에도 나는 거대한 바위에 맞서 몸살을 하며 보이지도 않는 눈으로 바늘 끝 같은 틈을 찾아야 했다." 〈후략〉

　우리 모두는 꽃을 지향하고, 나무를 지향하는데 익숙하다. 그러느라 강아지 똥과 뿌리를 잊거나 감추고 싶어 하기도 한다. 성공의 결과는 부러워 하지만 성공에 이르는 지난한 과정은 건너뛰고 싶어 한다. 그러나 시편 기자는 울며 씨를 뿌리는 자만이 기쁨으로 단을 거둘 수 있다고 표현하고 있다. 한편 세례요한은 나는 주연이 아니고 철저한 조연임을 자처하면서 주님은 흥하고 자신은 쇠하여야 한다고 강조하고 있다. 모두가 주연에 해당하는 예수역만 하겠다고 나서지 세례요한과 같이 산을 깎고 골을 메우고 땅을 고르는 조연의 역할은 기피하고 싶어하는 것이 오늘날 우리 모두의 행태다. 이러한 행태를 꼬집어 주님의 재림이 지체되는 이유가 주님 앞서 재림의 주님을 맞이할 세례요한이 없기 때문이라고 한다. 많은 행사와 다짐을 하지만 종교개혁 500주년을 맞아 우리가 진정 회복해야 할 것은 바로 강아지 똥과 뿌리 정신인 세례요한의 태도라고 할 수 있을 것이다.

이벤트 아닌
진정한 봉사의 삶 살아야[1]

지난해에 이어 금년에도 계속해서 섬김과 봉사가 교계의 화두가 될 전망이다.

성서와 교회사가 증거하고 있는 성서신학과 역사신학적인 관점, 교회의 사회적인 책임이라는 기독교윤리, 그리고 기독교가 처해있는 성장과 선교의 절박한 현실 타개책으로든 간에 우리사회는 희생과 손해를 전제하는 섬김에 집중해야 할 때이다.

---

1 20090121 기독교연합신문 연합시론

그 이유는 우리사회가 이전보다는 많이 복지사회로 진입을 한 것이 사실이지만 아직도 제도적인 사회보장의 한계로 말미암아 민간 영역에서의 도움을 필요로 하는 소외된 이웃이 존재한다는 사실이다. 섬김의 대상이 되는 복지사각지대의 사람들이 우리 교회로 하여금 섬기고 봉사하게 만들고 있다.

이러한 필요에 우리나라의 65,000여 교회는 참으로 다양하게 긍휼사역을 수행하고 있다. 아마도 한국사회에서 교회의 개입과 참여를 제외한 복지를 생각할 수 없는 것은 그만큼 많은 양의 복지를 담당하고 있기 때문일 것이다.

여기서 다시금 생각해 보려고 하는 것은 많은 교회와 교인들이 봉사를 삶으로 살려고 하기 보다는 프로그램으로 접근하고 있다는 점이다.

일상적인 삶으로가 아닌 특별한 이벤트로 생각하고 있으며, 지속적인 생활이 아니라 일회적인 행사로 이해하고 있는 것 같다. 이러한 발상은 자칫 자선으로 베풀고 동정하는 시혜자로서의 자리에 교회를 자리매김 한다.

이럴 경우 대체로 수혜자는 동정의 대상으로 전락할 뿐이다. 제공자인 교회가 중심에 서서 모든 것을 판단하고 선택하게 된다. 봉사의 시간과 장소 및 선물의 선정이나 나눔의 과정, 순서지와 현수막 그리고 사진촬영이나 언론보도와 평가에 이르기까지 모든 것이 제공자 중심으로 짜여지게 된다.

수요자인 소외된 이웃이 가지게 될 불편함과 부담 곧 자존감과 낙인감은 그리 중요하지 않게 치부된다. 장시간 앉아 떨게 될 실외 행사에서조차 정작 주인공이 되어야 할 대상자들에 대한 고려는 늘 마지막에나 있을 뿐이다.

잠시 주님의 행적을 살펴보자. 한 밤 중에 찾아온 니고데모를 제외하고 대부분은 주님이 먼저 찾아 나섰다. 병자와 귀신들린 자, 나아가 우물가의 여인이나 삭개오에게 다가가 그의 필요를 물으셨다. 병든 자에게는 병을 치유해 주셨고, 귀신들린 자에게는 귀신을 좇아 주시면서 "네 믿음이 너를 구원하였다"며 공로를 돌리기 일쑤였고, 주님을 따르겠다고 고집하는 이들에게 집으로 돌아갈 것을 명하신다.

이렇듯 주님의 공생애 사역은 프로그램이 아니라 삶이셨다. 주님은 언제나 고아와 과부, 병자와 귀신 들린 자를 우선적으로 고려했으며, 그들의 욕구와 필요에 일일이 맞추어 '맞춤식'으로 하나님나라를 선포하셨다. 그리고 성과물은 하나님과 당사자에게 돌리고 사회에 복귀하여 하나님 중심으로 성실하게 살 것을 한결같이 요구하고 계신다.

섬김의 주님을 가장 잘 요약하고 있는 마가복음 10장 45절 말씀에서, 섬김은 프로그램이 아니라 삶임을 가장 극명하게 드러내 보이고 있다. 섬김의 결론은 칭찬과 박수가 아니라 십자가의 죽음이라고 말씀하고 있다.

섬김의 프로그램으로 잠시 교회를 박수의 반열에 오르게할 수 있을 것이다. 그러나 섬김의 결과물이 칭찬과 박수라면 그것은 바람직한 섬김이 아니라는 것이다.

봉사는 프로그램이 아니라 삶이기 때문이다. 진정한 삶으로 봉사가 자리잡을 때 한국교회는 주님으로부터 칭찬을받게 될 것이다.

삶이 설교다

비노바 바베가 쓴 '교육에 관한 생각'이라는 책에 나오는 이야기다. 간디의 제자로 평생을 교육에 헌신한 바베가 간디가 머물고 있는 아슈람(수행자 거처)에 있을 때 그곳 학교에서 어린이들을 가르칠 교사를 면접한 적이 있었다.

"선생님 전공이 어떻게 되시나요?" "농업입니다."

"그래요? 그러면 밭을 갈 줄 아시겠군요." "아뇨, 갈지는 못해도

---

1   2013.03.13.

가르칠 수는 있습니다."

"모 심는 건 하실 수 있나요?" "아뇨, 심지는 못해도 심는 걸 가르칠 수는 있습니다."

"그럼 여기 있는 토마토로 주스 만드는 건 할 수 있겠지요?" "아뇨, 주스를 만들지는 못해도 주스 만드는 법을 가르칠 수는 있습니다."

그러자 바베는 큰 소리로 나무랐습니다.

"그러면 도대체 선생님이 할 수 있는 게 뭐요?"
"가르치는 일밖에는요."

교계 TV나 신문에는 설교가 주를 이루고, 목회자들의 설교집 출간 또한 넘쳐난다. 대부분의 교회에서는 매일 새벽과 주일, 수요 예배 그리고 금요 구역예배 및 행사에도 경건회 등을 통해 설교를 듣는다. 설교는 이렇게 많은데 한국교회는 왜 지탄의 대상이 될까. 설교자는 가르치는 것으로 끝나고, 청중은 설교를 강연 정도로 치부해 듣는 것으로 끝나기 때문이다. 가르치는 것으로 사람이 변화되고 구원받는다면 굳이 사람의 몸을 입고 가장 낮고 작은 자로 이 땅에 우리 주님이 오시지 않아도 되었을 텐데 말이다.

열매를 보면 나무를 안다. 나무는 열매로 표현된다(눅 6:44). 말이 아니라 삶이 설교다. 오늘날 한국교회에 필요한 지도자는 설교 잘하는 사람이 아니다. 생활이 건강하고 삶이 본이 돼 안팎이 토마토처럼 한결같은 지도자가 요청되고 있다. 설교자의 존재 그 자체가 교육이 돼야 한다는 의미다.

우리의 스승 되신 주님은 요한복음에 일곱 차례 자기 계시를 하시는데 언제나 말씀과 표적이 함께 이어진다. 나사로를 살리신 후에는 "나는 부활이요 생명"이라고 말씀하셨다. 말씀에 권위와 능력이 있었던 것은 말씀대로 이루어지기 때문이다. 많은 분이 한국교회 위기를 말하면서도 본인은 위기를 만든 장본인이 아니라 피해자라는 인식을 갖고 있다. 비난받는 교회가 되도록 해놓고도 그에 대한 일말의 책무도 느끼지 못하는 분들이 많은 것 같다.

아주 오래전에 읽은 동화다. 수탉이 밀알 하나를 발견하고는 이 밀알을 누가 심겠느냐고 제안을 한다. 그러자 모였던 닭들은 다 흩어진다. 수탉은 밀알을 고이 땅에 심어 물을 주고 거름을 주어 정성껏 가꾼다. 추수 때가 되어 다시 누가

낮으로 추수를 하고, 밀가루로 찧고, 빵을 만들 것인지 정하려고 했지만 아무도 나서지 않는다. 할 수 없이 수탉이 이 일을 해 빵을 만들어 식탁에 차려놓고 누가 먹을 것인지 묻자 모든 닭이 달려든다. 그러자 수탉이 말한다. '눈물로 씨를 뿌리지 않은 자는 빵을 먹을 자격이 없다고.'

지금 우리는 비난의 자리를 피하지 않고 내 탓으로 돌릴 지도자를 필요로 하고 있다. 이제 우리는 한 알의 밀알을 심는 수탉처럼 수고와 땀을 흘리기 위해 일터로 나가야 할 때다. 사순절 기간이다. '내가 죄인입니다'라고 고백하며 주님의 긍휼을 구하며 경건의 자리로 나아가자.

사람을 좋아하고, 시를 즐겨 읽고, 책을 가까이하며 생활 신앙에 관심을 가진다. 마음이 따뜻하고 편안하여 아프고 슬프고 고달픈 사람들을 지나치지 못하고 그들 곁에 어느새 함께하고 있다. "우는 이들과 함께 우는" 연민으로 교회와 사회의 가교역할과 연대로 고통을 분담하면서 오리를 가자면 십리를 간다. 신앙의 고백성과 복지의 전문성을 통전적으로 실천하면서 최근에는 목회자유가족(홀사모)과 이태원참사 유가족 곁에서 지지하고 지원하고 있다.

유소년시절을 가난 가운데 지냈고, 생활공동체에 관심갖다가 <한울회 사건>으로 2년 6월의 옥고를 치렀다. 침례신학대학, 기장 선교교육원, 대전신학교, 장로회신학대학교 신학대학원에서 신학을 공부하다. 필리핀 딸락주립대학에 편입하여 교육학을 수학한 뒤, 한일장신대학교와 평택대학교에서 사회복지학 석사와 박사과정을 수료하다.

통합 총회 사회봉사부의 <사랑의 현장 만들기> 일환으로 독일 EZE지원을 받아 대전지역사회선교협의회를 구성해 달동네에 보문공부방과 성남공부방을 개원하다. 제도권 복지사업으로 확장해 월평종합사회복지관, 정림종합사회복지관, 유성구노인복지관, 대덕구지역자활센터등을 수탁 운영하다. 총회 사회봉사부 총무에 선발되어 교단의 사회봉사, 재해구호, 인권, 생태정의, 북한지원, 종교계 사회복지의 정책수립과 행정 업무를 수행하다.

2007년 서해안 기름유출사고로 <한국교회봉사단>이 조직되고 초대 사무총장으로, 2009년 용산참사 중재, 2010년 아이티 지진 <한국교회아이티연합> 간사 단체, 일본군위안부 할머니들과 함께한 수요집회, 교계행사 할머니 증언, 2012년 쉼터 <평화의 우리집>무상 제공 주선, 원폭피해자 2세의 피해실태 조사와 공론화, 2013년 WCC 10차 부산총회 한국위원회 협동 사무총장으로 디아코니아 분야 행사 주관, 개회예배시 한국교회 대표로 입장하다. 2014년 온양제일교회 담임목사 부임, 2018년 외국이주민과 결혼이주여성 쉼터 운영, 중독문제에 개입하는 사)글로벌디아코니아, 미자립교회와 코로나 피해 교회지원, 재해입은 교회와 사회적 참사를 당한 이들을 돕는 <소금의 집> 상임이사로 미얀마와 우크라이나 복구사역, 울진산불 등 국내외 긴급구호 사역을 해오다.

공저로 2022 <한울회 사건의 진실> 대한기독교서회, 2015 <이슈 & 미래> 예영, 2007 <한국기독교사회복지총람> 등이 있다. "지역사회를 위한 교회의 역할", "교회의 사회복지를 위한 탈 지역적 조직들의 실천", "교단의 사회봉사 정책의 현황과 과제", "지역사회와 디아코니아", "교회의 사회적 책임" 등 교회와 사회선교 관련 20여편의 논문을 발표하다.